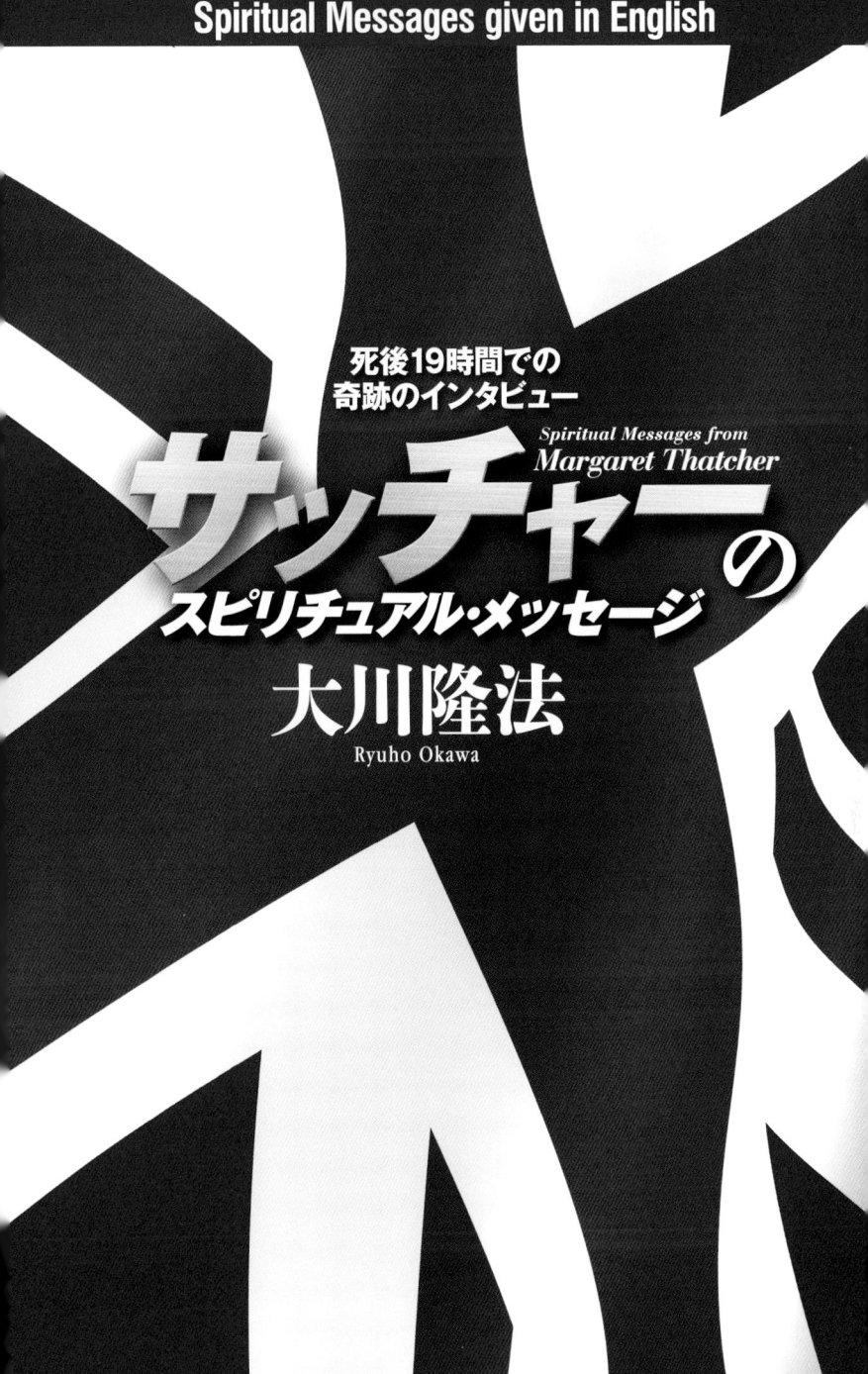

本霊言は、2013年4月9日(写真上・下)、幸福の科学総合本部にて、
質問者との対話形式で公開収録された。

サッチャーの
スピリチュアル・メッセージ

死後19時間での奇跡のインタビュー

Spiritual Messages from Margaret Thatcher

―― A miraculous spiritual interview
conducted just 19 hours after her death ――

Preface

Be strong, Japan.

You need great passion and will.

There needs Savior at this moment.

The wisdom which tells "good" from "bad" is required.

The Light of Heaven shall lead Right and Justice.

Fight against Evil.

This is the Answer you have been waiting for.

These words just came down from Saint Michael.

Be brave!

April 12, 2013

World Teacher　Ryuho Okawa

まえがき

強くあれ、日本。
偉大なる情熱と意志が必要なのだ。
今こそ救世主顕現(けんげん)の時。
善悪を告げ知らせよ。
天上界の光は、何が正しく、義(ぎ)にかなうかを教えるだろう。
悪と戦うのだ。
あなたがたが待っていた答えがここにある。
かく語りしは聖ミカエルなり。
勇敢であれ！

2013 年 4 月 12 日
世界教師(せかいきょうし) 大川隆法(おおかわりゅうほう)

Contents

Preface   2

1 Attempting to receive spiritual messages from Thatcher, nineteen hours after her death   14

2 Former Prime Minister Thatcher, puzzled by the sudden summoning   22

3 Regaining her former self with the words "Iron Lady"   40

4 Thatcher rejects questions relating to her upbringing   60

5 Don't hesitate to fight against invaders!   70

6 Have the Japanese forgotten the spirit of *Bushido*?   86

7 Japan should have armed itself with nuclear weapons?   90

8 Politics is to never be afraid   102

9 Thatcher predicted the failure of the EU   106

10 What is justice of the Second World War?   118

11 The Meiji Restoration is a miracle in world history   128

12 Why is socialism evil?   136

目　次

まえがき　3

1　死後19時間で「サッチャーの霊言」に挑む　15
2　突然の招霊に戸惑うサッチャー元首相　23
3　「鉄の女」という言葉で本来の自分を取り戻す　41
4　生い立ちに関する質問を拒絶する　61
5　「侵略者」に対しては迷わず戦え！　71
6　日本人は「武士道」を忘れてしまったのか　87
7　日本は「核武装」しておくべきだった？　91
8　政治とは「決して恐れないこと」　103
9　「EUの失敗」は予測していた　107
10　第二次世界大戦における「正義」とは　119
11　「明治維新」は世界史における奇跡　129
12　なぜ社会主義は「悪」なのか　137

13 The guiding spirit of former Prime Minister Thatcher is St. Michael 142

14 Thatcher's immediate past life was the German Iron Chancellor Bismarck 150

15 Was Thatcher born in Ancient Israel as King David? 158

16 I have a memory of Hermes, the hero in Greek Mythology 164

17 Deep connections with Jesus Christ 168

18 I want to pray for the prosperity of the United Kingdom 176

13 サッチャー元首相の指導霊は「聖ミカエル」　143

14 直前世は「ドイツの鉄血宰相ビスマルク」　151

15 古代イスラエルに「ダビデ王」として生まれた？　159

16 ギリシャ神話の英雄「ヘルメス」についての記憶がある　165

17 イエス・キリストとの深い縁　169

18 「イギリスの繁栄」を祈りたい　177

This book is the transcript of spiritual messages given by former British Prime Minister Margaret Thatcher.

These spiritual messages were channeled through Master Ryuho Okawa. However, please note that his way of receiving spiritual messages is fundamentally different from other psychic mediums who undergo trances and are completely taken over by the spirits they are channeling.

Please note that these spiritual messages are opinions of the individual spirits and may contradict the ideas or teachings of the Happy Science Group.

The spiritual messages and questions were spoken in English, but Master Okawa's opening and closing comments were spoken in Japanese. English translations have been provided for those parts.

本書は、イギリスの元首相マーガレット・サッチャー氏の霊言を収録したものである。
　「霊言現象」とは、あの世の霊存在の言葉を語り下ろす現象のことをいう。これは高度な悟りを開いた者に特有のものであり、「霊媒現象」（トランス状態になって意識を失い、霊が一方的にしゃべる現象）とは異なる。

　ただ、「霊言」は、あくまでも霊人の意見であり、幸福の科学グループとしての見解と矛盾する内容を含む場合がある点、付記しておきたい。
　なお、今回、霊人や質問者の発言は英語にて行われた。本書は、それに日本語訳を付けたものである（ただし、冒頭の招霊前の解説と終節のコメントは日本語で語られており、それに英訳を付けている）。

Spiritual Messages
from Margaret Thatcher

April 9, 2013 at Happy Science General Headquarters
Spiritual Messages from Margaret Thatcher

サッチャーの
スピリチュアル・メッセージ

2013年4月9日　幸福の科学総合本部にて
マーガレット・サッチャーの霊言

Margaret Thatcher (1925 ～ 2013)

First female British prime minister (In office 1979 to 1990). Baroness. With her strong leadership, she revived the British economy through the privatization of state-owned companies and deregulation. When the Argentine military invaded the Falkland Islands in 1982, triggering the Falklands War, she immediately dispatched the British military and successfully fought back the Argentine military and retook the islands. Thatcher was called the Iron Lady for her conservative and uncompromising personality.

Interviewer

Sohken Kobayashi
  Vice Chairperson
  Public Relations and Risk Management

Kazuhiro Ichikawa
  Senior Managing Director
  Chief Director of International Headquarters

Ryoseki Go
  Secretariat Division
  Second Editorial Division

Yuriha Kuraoka
  Religious Affairs Headquarters

※ Position titles are at the time of interview.

マーガレット・サッチャー（1925 ～ 2013）

イギリス初の女性首相（在任：1979 ～ 1990）。男爵。強い指導力で、国営企業の民営化や規制緩和を進め、イギリス経済を復活させた。また、1982年にフォークランド紛争（フォークランド諸島にアルゼンチン軍が侵攻する事態）が勃発した際には、即座に軍を派遣してアルゼンチン軍を撃破し、フォークランド諸島を奪還。その保守的かつ強硬な性格から「鉄の女」の異名を取った。

質問者
小林早賢（幸福の科学広報・危機管理担当副理事長）
市川和博（幸福の科学専務理事 兼 国際本部長）
呉亮錫（幸福の科学事務局事務部 兼 第二編集局）
倉岡ゆり葉（幸福の科学宗務本部第二秘書局）

※役職は収録当時のもの

1 Attempting to receive spiritual messages from Thatcher, nineteen hours after her death

Okawa Former Prime Minister Margaret Thatcher passed away around 8 pm last night (11 am [daylight saving time] on April 8th, local time in the UK). It has only been nineteen hours since the time of her death.

I asked my disciples if there was something they wanted me to do today, and General Headquarters requested that I summon her spirit here. It has only been nineteen hours since she died, so I don't know if she is aware of her death, if her soul has left the body or if she has already seen the spirit world. So, I cannot take full responsibility for what may happen.

Thatcher was eighty-seven when she passed away, so she may have been infirm and senile. Therefore it may be difficult for her to give spiritual messages. I cannot guarantee if she will be able to answer our questions properly. Thatcher may refuse to meet men who are not

サッチャーのスピリチュアル・メッセージ

1 死後19時間で
「サッチャーの霊言(れいげん)」に挑(いど)む

大川隆法　昨日の夜7時ごろ（現地時間〔サマータイム〕で4月8日午前11時）、マーガレット・サッチャー元首相が亡(な)くなられたようです。今はまだ、それから19時間ほどしかたっていません。

「今日、私に何かやってほしいものはありますか」と弟子(し)に訊(き)いたところ、総合本部から、「サッチャーさんの霊(れい)を呼んでいただけないか」という要望がありました。そこで、いちおう試みますが、死後19時間程度では、死んだ自覚があるかどうか、魂(たましい)が肉体から離(はな)れているかどうか、あるいは、霊界(れいかい)まで見ているかどうかが分からないため、私も責任を取り切れません。

サッチャーさんは87歳(さい)で亡くなられましたが、晩年はかなり身体が不自由で、ボケ老人のような状態だったかと思われるので、霊言が難しいのではないかと思います。こちらからのインタビューに対し、どんな反応をされるかについては、保証のかぎりではありません。医者以外

her doctors. There is a chance that only her family members or nurses were able to see Thatcher in her last days.

Her vibrations don't seem to be very good, so please forgive me if I act like a senile man when her spirit enters my body (laughs). It may be difficult to see Thatcher's former boldness and power. Perhaps her thinking will become clearer as we talk to her, but this probably won't be like a newspaper interview where she promptly responds to the questions that you ask. I don't think she is in such a condition. It may take some time and you may have to be patient with her in the beginning. In that sense, you may have to approach her kindly, as if you are a staff member of a nursing home.

If she is originally an angel of light and already has a clear understanding of her situation, she may be able to regain her awareness relatively early and show her former power. The British are now quite upset about her death and she has no obligation to come to Happy Science, so in that sense, it may be a little difficult to

の男性を受け付けない可能性がないわけでもないでしょう。看護師や身内の人でなければ近寄れないような状態であった可能性もあります。

あまりよい感じではない雰囲気が漂っていますので、みなさん、私が"ボケ老人"に変化したとしても、許してください（笑）。往年のかっこいい感じのサッチャーさんを再現するのは、そう簡単ではないと思われます。話しているうちに、もしかしたら戻ってくるかもしれませんが、すぐに新聞記者のインタビューのようなものに答えられる状態ではないと思われるので、（質問者に）あなたがたが相手をするのにも、少し時間がかかって、手を焼く可能性はあります。そのあたりの部分については、老人ホームに勤務しているつもりで、少し優しく接しないといけないかもしれません。

もし、もともと光の天使であって、今の状況をスーッと認識するところまでいっている場合には、もしかしたら、わりに早く意識が戻り、往年の力が出てくる可能性もないわけではありません。ただ、イギリスの人たちが大騒ぎをしていますし、とりあえず、こんな所に呼ばれなければいけない義理もないので、そのあたりは難しい

conduct this interview.

Well, I'm going to give it a try. I assume that you will have some trouble trying to get an interview with her. If you take a high-handed attitude or straightforwardly ask her inconsiderate questions, this interview may not be successful, so please be careful of how you approach her.

Hmm… I'm a little reluctant to do this interview because I'll be assuming the role of a senile person. When I called her guardian spirit last time, her guardian spirit also showed some signs of senility, so we couldn't hold an interview at the time (recorded on April 16th, 2010, *A Prophesy of Japan's Ruin Caused by the Democratic Party of Japan*, IRH Press Co., Ltd., available only in Japanese). But her death is globally being reported on the news now, so if we succeed in recording her spiritual messages, I think it will be a big scoop, the first in the world. I hope that this session will be a success.

I will now summon her spirit.

(About ten seconds of silence)

部分かと思います。

　それでは試してみましょう。多少苦労すると思います。高飛車な態度をとったり、いきなりストレートな球を投げたりしても、おそらく駄目な可能性が高いので、ご配慮願います。

　うーん……、私はあまり気が進みません。"ボケ老人"の役はあまりしたくないのですが。以前、サッチャーさんの守護霊を呼んだときにも、守護霊に少しボケが入っていて、けっこう厳しかったため、うまく霊言ができませんでした（2010年4月16日収録。『民主党亡国論』〔幸福の科学出版刊〕第3章参照）。ただ、世界的には、今、ニュースな時期なので、もし霊言が録れれば、世界初の大変なスクープになるでしょうから、なるべく成功するように希望します。

　それでは始めます。
　（約十秒間の沈黙）

(deeply exhales)

Okawa Prime Minister Margaret Thatcher, Mrs. Margaret Thatcher. You already passed away last night. Could you cross the Pacific Ocean and come down to Tokyo, Japan? Could you accept our spiritual interview with you?

Margaret Thatcher, Prime Minister Margaret Thatcher, please come down to Happy Science General Headquarters. Please forgive us as we ask you some questions.

I know you are very busy now, but please give us an opportunity to ask you some questions even though they may be foolish. Please teach us your opinion on politics and the future of the world.

Margaret Thatcher, Margaret Thatcher, please come down to this place and answer our questions.

(About twenty seconds of silence)

（深く息を吐く）

大川隆法　マーガレット・サッチャー首相、マーガレット・サッチャー夫人。あなたは昨夜、すでに帰天されました。どうか、太平洋を越え、日本の東京へお越しいただけますか。あなたへのスピリチュアル・インタビューを受け入れていただけませんか。

　マーガレット・サッチャー、マーガレット・サッチャー首相、どうか、幸福の科学総合本部にお越しください。そして、いくつか質問をさせていただくことをお許しください。

　あなたが、今、非常にお忙しいことは存じ上げております。しかし、愚問になるかもしれませんが、どうか、私たちに質問の機会をお与えください。政治や世界の未来についての、あなたのご意見をお教えください。

　マーガレット・サッチャー、マーガレット・サッチャー、どうか、この場に降り来たりて、私たちの質問にお答えください。

　（約二十秒間の沈黙）

2 Former Prime Minister Thatcher, puzzled by the sudden summoning

Thatcher (cries)

Kobayashi Will you accept our invitation, Mrs. Thatcher?

Thatcher (cries) Denis? Denis? (Her late husband, Denis Thatcher. 1915 – 2003)

Kobayashi Have you found yourself?

Thatcher Denis? Denis?

Kobayashi I'm sorry. I'm not your husband, Denis, but we…

Thatcher I need Denis.

2　突然の招霊に戸惑うサッチャー元首相

サッチャー　（しくしくと泣く）

小林　サッチャー夫人、私たちの招待をお受けいただけますか。

サッチャー　（涙声で）デニス？　デニス？（サッチャー女史の亡夫。1915 - 2003）

小林　お気づきですか。

サッチャー　デニス？　デニス？

小林　申し訳ありません。私はあなたの夫のデニスさんではなく、私たちは……。

サッチャー　私にはデニスが必要なのです。

Kobayashi Denis is looking at you.

Thatcher Huh? No.

Kobayashi This is the other side of the globe.

Thatcher No…

Kobayashi We have invited you here, to Tokyo. Will you accept our invitation?

Thatcher Mmm… I cannot understand. I cannot. Denis! Denis, Denis, Denis. Denis!

Ichikawa Don't worry. He will soon come to see you. Don't worry. He will take care of you.

Thatcher I can't understand your English.

小林　デニスさんは、あなたを見ておられます。

サッチャー　え？　いいえ。

小林　ここは地球の反対側です。

サッチャー　違う……。

小林　私たちは、あなたを、ここ、東京へご招待したのです。私たちの招待をお受けいただけますか。

サッチャー　うーん、理解できません。理解できないのです。デニス！　デニス、デニス、デニス。デニス！

市川　ご心配は要りません。彼はすぐ、あなたに会いに来られます。ご心配なく。彼はあなたのお世話をしてくれるでしょう。

サッチャー　あなたの英語が分かりません。

Ichikawa I'm sorry.

Thatcher Sorry.

Kobayashi Are you aware that you had passed away yesterday?

Thatcher What?

Kobayashi Are you aware that you had passed away yesterday?

Thatcher Huh?

Kobayashi Can you understand?

Thatcher I can't. I'm still alive.

Kobayashi You're former Prime Minister Margaret Thatcher, right?

市川　申し訳ありません。

サッチャー　失礼。

小林　あなたは、昨日、亡くなられたことに気づいていらっしゃいますか。

サッチャー　何？

小林　あなたは、昨日、亡くなられたことに気づいていらっしゃいますか。

サッチャー　えっ？

小林　理解できますか。

サッチャー　分からない。私はまだ生きています。

小林　あなたは、マーガレット・サッチャー元首相ですね？

Thatcher I'm the prime minister. I'm the prime minister. Denis! Denis!

Go Where do you think you are right now?

Thatcher Huh?

Go Where do you think you are right now?

Thatcher At a hotel?

Ichikawa Yes, you are at the "Ritz Hotel" (where she passed away). (Interviewers are speaking in this way to match Thatcher's awareness. They continue to do so for a while.)

Thatcher Hotel, hotel, yes. You are a waiter, correct?

サッチャー　私は首相です。私は首相なのです。デニス！デニス！

呉　あなたは、今、どこにいると思われますか。

サッチャー　はあ？

呉　あなたは今どこにいらっしゃると思いますか。

サッチャー　ホテルですか。

市川　はい、あなたは"リッツホテル"（亡くなった場所）におられます。（注。ここでは、サッチャー女史の意識に合わせて、あえて方便的(ほうべん)に述べている。以下のやりとりも同様）

サッチャー　ホテル、ホテル、そうですね。あなたはウェイターですね？

Ichikawa Yes, I am a "waiter." Please don't worry. We are "waiters."

Thatcher A waiter (to Ichikawa)? And a bellboy (to Go)?

Go Yes, I am serving you.

Thatcher Who are you (to Kobayashi)?

Kobayashi We have invited you here to Japan.

Thatcher Why? Why?

Kobayashi We would like to ask you for your advice and comments.

Thatcher Huh?

Kobayashi We would very much appreciate it if you

市川　はい、私は"ウェイター"です。どうぞご心配なく。私たちは"ウェイター"です。

サッチャー　（市川に）ウェイター？　（呉に）そして、ボーイ？

呉　はい、あなたにお仕えしています。

サッチャー　（小林に）あなたは誰？

小林　私たちは、あなたを、ここ、日本へご招待しました。

サッチャー　なぜ？　なぜですか。

小林　私たちは、あなたからアドバイスやコメントを頂きたいのです。

サッチャー　は？

小林　もし、あなたが私たちの招待を受け入れてくださ

could accept our invitation.

Thatcher Mmm… Doctor, doctor, doctor, doctor. I'm tired.

Kobayashi I know you may be very tired. Excuse me, but let me ask you a question again. Are you aware that you have passed away?

Thatcher Medicine, medicine. It's time for medicine.

Kobayashi Are you still alive?

Thatcher Yes (breathes heavily).

Ichikawa Do you see anything around you?

Thatcher Yes, it's strange.

Ichikawa Do you see a bed, or do you see doctors?

ったら、とてもありがたいのですが。

サッチャー　うーん……。医者、医者、医者、医者。疲(つか)れました。

小林　あなたは非常に疲れておられるだろうと存じます。すみませんが、もう一度質問させていただきます。あなたは亡くなっていることにお気づきですか。

サッチャー　薬、薬。薬の時間です。

小林　まだ生きておられると？

サッチャー　ええ。(荒(あら)い息遣(いきづか)い)

市川　周りに何か見えますか。

サッチャー　ええ、変です。

市川　ベッドですか。それとも、医者ですか？

Thatcher Something is strange. It's very strange.

Ichikawa Strange?

Thatcher It's very strange. It's hot, hot, very hot.

Ichikawa Please relax.

Thatcher What happened…

Kobayashi Can I ask some questions about your work when you were in office?

Thatcher No, no. I am retired. I am already retired.

Kobayashi But last year, you had someone write your memoirs of when you were in office.

サッチャー　何か変です。とても変です。

市川　「変」ですか。

サッチャー　とても変です。暑い、暑い、とても暑い。

市川　どうか、リラックスなさってください。

サッチャー　いったい何が起きたのか……。

小林　あなたが首相をされていたころのお仕事について、いくつか質問させていただきたいのですが。

サッチャー　ダメ、ダメ。私は引退しています。もう引退しています。

小林　しかし、去年、あなたは首相時代の記憶を本に記されました。

Thatcher Ahh, the old, old days.

Kobayashi So, I'd like to ask you some questions about that book.

Thatcher Ahh, doctor, doctor. Is it OK to answer his question? I don't know whether he's a good man or not.

Kobayashi In some meaning, we are doctors. We are spiritual doctors.

Thatcher Japanese doctors?

Kobayashi Japanese spiritual doctors.

Thatcher Oh, OK, OK.

Kobayashi Thank you very much. Could I ask you some questions about your accomplishments or splen-

サッチャー　ああ、古い古い昔のことです。

小林　ですから、私はその本について、いくつか質問したいのです。

サッチャー　ああ、お医者さん、お医者さん。彼の質問にお答えしてもいいですか。彼がいい人かどうか、私には分かりません。

小林　ある意味、私たちは医者です。霊的な医者です。

サッチャー　日本の医者？

小林　日本の霊的な医者です。

サッチャー　分かりました。いいでしょう。

小林　ありがとうございます。あなたの業績や、元首相時代の輝かしい経歴について、いくつか質問してもよろ

did career as former prime minister?

Thatcher Ahh, yes, prime minister...

Kobayashi You were one of the greatest prime ministers of Great Britain. Everybody acknowledges it.

Thatcher Hmm... What happened to me? Hmm... Is there something wrong with me?

Ichikawa So, you were in bed last night, and you suffered a stroke. Perhaps you felt pain.

Thatcher But I feel no pain. Why? I don't know, but I'm curious. Japan, you said? Japan?

Kobayashi Anyway, we are Japanese.

Thatcher Japanese?

しいでしょうか。

サッチャー　ああ、はい、首相ね……。

小林　あなたは、イギリスで最も偉大な首相のお一人でした。誰もがそれを認めています。

サッチャー　うーん、私に何が起きたのでしょう。うーん、私はどこか悪いのでしょうか。

市川　ですから、昨夜、あなたは寝ている間に、脳卒中で苦しまれたのです。おそらく痛みを感じられたでしょう。

サッチャー　でも、痛みを感じないのです。なぜでしょう。分からないけれど、興味深い。日本、あなたは日本と言いましたか。

小林　とにかく、私たちは日本人です。

サッチャー　日本人？

Kobayashi   And you came here…

Thatcher   I'm dreaming. I'm dreaming.

Kobayashi   We had you come here for us to ask you some questions on politics.

Thatcher   Denis! Denis!

Kobayashi   Denis is coming soon. I think Denis will come before long. So…

Thatcher   Mmm… Mmm…

3 Regaining her former self with the words "Iron Lady"

Ichikawa   Do you remember your experience as a

小林　そして、ここに来て……。

サッチャー　私は夢を見ているのです。夢を見ているのです。

小林　いくつか政治について質問させていただくために、ここへお越しいただいています。

サッチャー　デニス！　デニス！

小林　デニスさんは、もうすぐ来ます。まもなく、デニスさんは来られると思いますよ。ですから……。

サッチャー　うーん、うーん。

3　「鉄の女」という言葉で本来の自分を取り戻す

市川　イギリスの首相としての経験を覚えておられます

British prime minister? Were there any incidents that left a deep impression on you?

Thatcher   Hmm… Are you living in the UK or not?

Kobayashi   In a sense, we are living in the UK.

Thatcher   The UK? Oh, are you travelers?

Kobayashi   In a sense, we are travelers.

Thatcher   Travelers from Japan. Why? Hmm, OK.

Ichikawa   You had passed away last night.

Thatcher   Huh? Passed away? Who?

Ichikawa   Actually, you…

か。何か印象的な出来事などは覚えておられるでしょうか。

サッチャー　ええと、あなたはイギリスに住んでいるのですか、住んでいないのですか。

小林　ある意味、私たちはイギリスに住んでいます。

サッチャー　イギリスに？　おー、旅行者ね？

小林　ある意味、旅行者です。

サッチャー　日本からの旅行者ですね。なぜ？　まあ、いいでしょう。

市川　あなたは昨夜亡くなられました。

サッチャー　え？　亡くなった？　誰が？

市川　実は、あなたが……。

Thatcher You? Me?

Ichikawa In other words, you died.

Thatcher Oh, no, no, no, no. You are joking. I'm an old lady, so don't say such evil things.

Kobayashi Perhaps you already do not feel pain. Do you have pain in your body now? But you felt great pain yesterday, maybe in the hotel or the hospital, right?

Thatcher Is it night or morning? Is it midnight? Hmm? What time is it now?

Kobayashi It's 2:30 pm now (Japan time).

Thatcher 2:30 pm?

サッチャー　あなた？　私？

市川　別の言葉で言えば、「死んだ」のです。

サッチャー　おー、いえいえ、違う違う。冗談を言っているんですね。私は年寄りなんですから、そんなひどいことを言ってはいけません。

小林　あなたは、もう痛みを感じていないのではないですか。今、体に痛みはありますか。でも、昨日、ホテルか病院で、大きな痛みを感じませんでしたか。

サッチャー　今は夜ですか、朝ですか。深夜ですか。うーん。今は何時ですか。

小林　今は午後2時30分です（日本時間）。

サッチャー　午後2時30分？

Kobayashi Yes.

Thatcher Oh, teatime.

Kobayashi It's teatime. Would you like some tea? Shall we serve tea?

Thatcher Of course. English tea, please.

Kobayashi She would like some English tea (to the audience).

Thatcher Yes, English tea. Yes, of course.

Kobayashi Milk or lemon?

Thatcher Hmm… My feeling says milk tea is preferable today.

Ichikawa Excellent choice. It's almost time for after-

小林　はい。

サッチャー　まあ！　お茶の時間ですね。

小林　お茶の時間です。何かお茶を飲まれますか？　お茶を入れましょうか。

サッチャー　もちろん、紅茶をお願いします。

小林　（会場に向かって）彼女は紅茶をご希望です。

サッチャー　ええ、紅茶です。はい、当然です。

小林　ミルクかレモンは？

サッチャー　うーん。今日の私の気分だと、ミルクティーのほうがいいですね。

市川　素晴らしい選択です。ほとんどアフタヌーンティ

noon tea.

Thatcher (Holding a glass of water in her hand) Oh, is this…?

Kobayashi Oh, we are sorry. It's just cold water.

Thatcher Tea?

Kobayashi We are sorry. It's just cold water.

Thatcher Oh, it's transparent tea. (Upon seeing Kuraoka) Ahh! Nurse.

Ichikawa A nurse is here.

Kuraoka (Takes a seat)(laughs) Nice to meet you.

Thatcher I remember you. I know you.

ーの時間ですね。

サッチャー　（水の入ったグラスを手に取って）おや、これは？

小林　おお、申し訳ありません。それはただの冷水です。

サッチャー　紅茶は？

小林　申し訳ありません。ただの冷たい水です。

サッチャー　おお、透明(とうめい)なお茶ですね。（会場の倉岡を見て）ああ、看護師さん。

市川　こちらに看護師がおります。

倉岡　（質問者席に移動する）（笑）はじめまして。

サッチャー　あなたを覚えています。あなたを知っていますよ。

Kuraoka Really?

Thatcher You are a good nurse. Yes, I met you at the hospital.

Kuraoka Oh, really?

Thatcher I often met you.

Kuraoka When? Do you remember?

Thatcher Yes, I met you. You were very kind to me. Thank you very much.

Kuraoka Oh, it's alright.

Thatcher Hot. It's hot. It's very hot today.

Kobayashi We are cooling this room here now. So,

倉岡　本当ですか。

サッチャー　あなたはいい看護師です。ええ。あなたに病院で会いました。

倉岡　まあ、本当ですか。

サッチャー　よく私はあなたに会いました。

倉岡　いつですか。覚えていらっしゃるのですか。

サッチャー　ええ、あなたに会いましたよ。あなたは私にとても親切でした。本当にありがとう。

倉岡　どういたしまして。

サッチャー　暑い、暑い。今日はとても暑い。

小林　今、この部屋を冷やしておりますので、少しお待

please wait a moment. Is it that hot?

Thatcher Yes, ahh…

Kuraoka Excuse me, are you OK?

Thatcher Hotel…

Kuraoka You can see a hotel?

Thatcher It might be a hotel. A Japanese-style hotel?

Kobayashi Yes, right.

Thatcher And (looking at the audience)?

Kobayashi Audience?

Thatcher Ghosts?

ちください。そんなに暑いですか。

サッチャー　ええ、ああ……。

倉岡　失礼ですが、大丈夫ですか。

サッチャー　ホテル……。

倉岡　ホテルが見えますか。

サッチャー　これはホテルかもしれない。日本式のホテル？

小林　はい、そうです。

サッチャー　（会場を見て）そして？

小林　聴衆ですか。

サッチャー　幽霊？

Go They are alive. We are listening to your interview.

Thatcher Ghosts? No?

Kobayashi Your fans.

Thatcher Did they pass away long, long ago? Are they members of the Parliament?

Kobayashi You are very popular in Japan.

Thatcher Popular?

Kobayashi Popular in Japan. Even in Japan. Even in Japan.

Thatcher No. Please use a more decent word.

Kobayashi Oh, excuse me.

呉　彼らは生きています。私たちは、あなたへのインタビューを聞いているのです。

サッチャー　幽霊？　違いますか。

小林　あなたのファンです。

サッチャー　彼らは、大昔に死去したのですか。議会の人？

小林　あなたは、日本でとても人気があります。

サッチャー　人気がある？

小林　日本で人気です。日本においてさえです。日本でさえ。

サッチャー　だめよ。もっと上品な言葉を使ってください。

小林　おお、失礼いたしました。

Ichikawa You are a very famous prime minister in Japan.

Thatcher I'm famous. Famous, of course.

Kobayashi Excuse me. I'm sorry.

Thatcher Please use better words.

Ichikawa Everyone in Japan admires your performance as a British prime minister, so we are very happy to talk to you. We are very grateful.

Thatcher I think you are speaking fluently, but your English is a little different from that of the UK. Why?

Ichikawa OK, I will try a British accent. Baroness Thatcher, we appreciate you coming to Happy Science

市川　あなたは日本で非常に有名な首相です。

サッチャー　有名ですよ。もちろん、有名です。

小林　失礼いたしました。申し訳ありません。

サッチャー　もっといい言葉を使ってください。

市川　日本の誰もが、あなたのイギリス首相としての業績を称賛(しょうさん)しています。ですから、お話ができて、たいへんうれしく思います。とても感謝しております。

サッチャー　あなたは流暢(りゅうちょう)に話していると思うのですが、あなたの英語はイギリスの英語と少し違いますね。なぜですか。

市川　分かりました。イギリスアクセントに挑戦(ちょうせん)したいと思います。サッチャー男爵(だんしゃく)、幸福の科学の総合本部に

General Headquarters. If possible, we'd like you to talk about your performance when you served as a prime minister.

Thatcher Please don't use the word 'performance.'

Ichikawa I'm sorry.

Thatcher For me... Sorry, I'm just the Iron Lady, so sorry for that. I'm still the Iron Lady.

Kobayashi You are still the Iron Lady?

Thatcher Yes, the Iron Lady. So, I'm not so kind and I have a short temper. I'm sorry. I get angry very quickly. So, I'm not just the Iron Lady, but the Hot Iron Lady is the correct explanation or expression. Oh, OK! OK! OK!

お越しくださり、まことにありがとうございます。もし可能ならば、首相を務められたときの業績についてお話しいただけますか。

サッチャー　"パフォーマンス（業績）"という単語を使わないでください。

市川　申し訳ありません。

サッチャー　私にとっては……。ごめんなさい、私はただの「鉄の女」なので、ごめんなさいね。今でも、「鉄の女」なのです。

小林　あなたは、今でも「鉄の女」なのですか。

サッチャー　ええ、「鉄の女」です。ですから、私はあまり親切ではないし、短気なのです。ごめんなさい。私は、すぐ怒り出すのです。ですから、ただの「鉄の女」ではなく、「熱い鉄の女」というのが正しい説明、正しい表現です。ええ、分かりました！　いいですよ！　大丈夫ですよ！

Kobayashi Nice. Good!

Ichikawa Excellent.

Go Here we go.

Thatcher Come on. The opposition party, bring it on!

4 Thatcher rejects questions relating to her upbringing

Kobayashi Our first question is on your background.

Thatcher Bad ground?

Kobayashi Background.

Thatcher Background?

小林　いいですね。よかった！

市川　素晴らしい。

呉　では、始めましょう。

サッチャー　来なさい。野党よ、かかってきなさい！

4　生い立ちに関する質問を拒絶する

小林　私たちの最初の質問は、あなたの背景についてです。

サッチャー　"悪い土地"？

小林　背景です。

サッチャー　背景？

Kobayashi The background of your thinking.

Go Your profile. We want to know about your background, from your childhood to your premiership. We want to talk about your life. For example…

Thatcher Are you a Native American?

Go I'm not a Native American because, as you know, it means Indian.

Thatcher Indian. Native Indians of America, right?

Go No, I'm not a Native American, but I am a kind of…

Thatcher No, you are a Native American (mimick-

小林　あなたの考えの背景です。

呉　あなたのプロフィールです。あなたの、子供のころから首相在任中までの経歴を知りたいのです。あなたの人生について、話をしたいのですが。例えば……。

サッチャー　あなたはネイティブ・アメリカンですか。

呉　ネイティブ・アメリカンではありません。というのも、ご存じのように、それは「インディアン」という意味だからです。

サッチャー　インディアン。アメリカのネイティブ・インディアンですよね？

呉　いえ、私はネイティブ・アメリカンではなく、ある種……。

サッチャー　いいえ、あなたはネイティブ・アメリカン

ing Native American war cry).

Go OK, OK. Sure. I can do that. Native American is fine.

Thatcher OK. An immigrant, right? OK, OK.

Go OK. It's just that we really admire your perspective on political and international affairs. So, we want to know about your life.

Thatcher Oh, you speak a lot. You speak a lot of English-like words.

Go Thank you so much.

Thatcher You are so intelligent.

Go Thank you.

です。(インディアンの雄たけびを真似する)

呉　分かりました、分かりました。もちろんです。そのポーズはできます。ネイティブ・アメリカンで結構です。

サッチャー　いいですよ。移民ですね。はいはい。

呉　分かりました。ただ、私たちは、政治事情、外交事情に関するあなたの見識をとても評価しています。ですから、あなたの人生について知りたいのです。

サッチャー　おや、あなたはたくさん話しますね。あなたは英語のような言葉をたくさんしゃべる。

呉　ありがとうございます。

サッチャー　あなたはとても知的ですね。

呉　ありがとうございます。

Thatcher But you are not a Baron of England. I'm sure. I'm certain.

Ichikawa Baroness Thatcher, could you please answer his question?

Thatcher OK, OK. Anything is OK.

Ichikawa Thank you.

Go Then, we would like to ask you about your upbringing. We know that you were born into a family of a grocery store.

Thatcher No!

Go No?

Thatcher Don't speak about that, although everyone knows about it.

サッチャー　でも、あなたは、イギリスの男爵ではない。きっとそうです。間違いない。

市川　サッチャー男爵、彼の質問にお答えいただけますか。

サッチャー　はい、いいでしょう。何でも大丈夫です。

市川　ありがとうございます。

呉　それでは、あなたの生い立ちについてお尋ねします。私たちは、あなたが食料雑貨店の家に生まれたことを知っています。

サッチャー　違います！

呉　違いますか。

サッチャー　それを言ってはいけない。みんな知ってはいますが。

Kobayashi But you were proud of it.

Thatcher I am a prime minister!

Kobayashi Oh, after prime minister…

Thatcher Be careful, be careful, be careful. Don't speak about that in front of me.

Kobayashi OK, OK.

Go But…

Thatcher Everyone knows about that, but I am a Baroness now, so…

Kobayashi I understand. Then, allow me to change the question.

小林　しかし、あなたはそれを誇りに思っておられました。

サッチャー　私は首相ですよ！

小林　ええ、首相のあと……。

サッチャー　気をつけなさい、気をつけなさい、気をつけなさい。私の前で、そのことを話してはなりません。

小林　はい、分かりました。

呉　しかし……。

サッチャー　みんなそのことを知っています。でも、私は今、男爵なのです。だから……。

小林　分かりました。それでは、質問を変えさせていただきます。

5 Don't hesitate to fight against invaders!

Kobayashi The next question is about national security and global peace.

Thatcher Oh, OK.

Kobayashi You achieved complete victory in the Falklands War, and your excellence was appreciated all over the world. Meanwhile, I'm sure you already understand the situation surrounding Japan in terms of national security, in other words, the military growth of North Korea or the red empire of China.

Now, we have island disputes, just like your country used to, such as the Senkaku Islands issue. We are also facing the North Korean missile issue. We are encountering such crises.

So, could you give some advice to us or the Japanese prime minister?

サッチャーのスピリチュアル・メッセージ

5 「侵略者(しんりゃくしゃ)」に対しては迷わず戦え！

小林　次の質問は、国家安全保障と地球平和についてです。

サッチャー　ええ、いいですよ。

小林　あなたは、フォークランド紛争(ふんそう)で完全勝利を収め、世界中があなたの優秀(ゆうしゅう)さを称賛(しょうさん)しました。その一方で、あなたは、現在の日本をとりまく環境(かんきょう)、つまり、北朝鮮(きたちょうせん)や、「赤い帝国(ていこく)」と言われる中国が台頭してきていることなど、国家安全保障の問題に関して、すでに理解されていることと思います。

　今、私たちは、あなたの国と同じように、尖閣諸島(せんかく)などの領土問題を抱(かか)えています。また、北朝鮮のミサイル問題にも直面しています。私たちは、このような危機に遭遇(そうぐう)しているのです。

　そこで、私たちや日本の首相に対するアドバイスを賜(たまわ)りたいと思います。

Thatcher Why don't you fight?

Kobayashi Oh, is that your answer?

Thatcher Just fight.

Kobayashi Just fight?

Thatcher Fight! Fight! Fight!

Kobayashi Indeed, you once said, "Sink! Sink! Sink!" to Argentine vessels. That is why your answer is, "Just fight?"

Thatcher Did you say "S-I-N-K" or "T-H-I-N-K?" Which one is it?

Kobayashi It may have sounded like "think," but I

サッチャー　なぜ、戦わないのですか。

小林　おお、それがお答えですか。

サッチャー　戦うのみです。

小林　戦うのみ？

サッチャー　戦いなさい！　戦いなさい！　戦いなさい！

小林　確かに、あなたは、フォークランド紛争では、ただ、「沈めよ！　沈めよ！　沈めよ！」と、アルゼンチンの船舶に向かっておっしゃっていました。だから、あなたの答えは「戦うのみ」ということなんですね。

サッチャー　あなたが言ったのは、「SINK」（沈める）か、「THINK」（考える）か、どちらですか。

小林　「think」（考える）と聴こえたかもしれませんが、

said "sink."

Thatcher Is it a T? Or is it an S?

Kobayashi Excuse me. Please excuse me.

Kuraoka T as in "think."

Thatcher Think?

Kobayashi No, no.

Kuraoka I'm sorry. It's an S. S.

Thatcher OK, OK. It's difficult English. Maybe he came from Samoa.

Kobayashi Anyway, your answer is to fight and sink the Chinese vessels?

「sink」(沈める)と言ったのです。

サッチャー　Tですか。それともS？

小林　失礼しました。申し訳ありません。

倉岡　「think」(考える)のTです。

サッチャー　考える？

小林　いえいえ。

倉岡　ごめんなさい、Sです。S。

サッチャー　はい、いいでしょう。難しい英語です。彼はサモア出身かもしれません。

小林　とにかく、あなたの答えは、「戦って中国の船を沈めよ」ということですね。

Thatcher Fight! Fight! Fight! To protect the Samoan Islands, you must fight against the United States of America.

Kobayashi Against America?

Thatcher No, no.

Kobayashi Even against America? Against China and North Korea?

Thatcher China? Why?

Kobayashi They are trying to invade us.

Thatcher Oh, no. They are bad, very bad! Please, attack them.

Kobayashi Attack them?

サッチャー　戦いなさい！　戦いなさい！　戦いなさい！　サモア諸島を守るために、アメリカ合衆国と戦わねばならない。

小林　アメリカに対して、ですか。

サッチャー　いえいえ。

小林　アメリカに対してさえも？　中国や北朝鮮に対してですか。

サッチャー　中国？　なぜ？

小林　彼らは、私たちを侵略(しんりゃく)しようとしているのです。

サッチャー　ああ、なんてこと。それは悪い、非常に悪いことです！　どうぞ、彼らを攻撃(こうげき)してください。

小林　彼らを攻撃する？

Thatcher Attack! Hmm. As soon as possible!

Kobayashi Even a preemptive attack is necessary?

Thatcher If you felt some sort of fear of invasion from them, you must attack, of course.

Kobayashi Thank you. That's a very clear answer.

Thatcher There is no other option.

Go Then, continuing on the question about the Falklands War, we…

Thatcher The Falklands War?

Go Yes, the Falklands War. Your blood is boiling right now, hearing the words "Falklands War," right? We want to know how you convinced your cabinet members when they were objecting to launching a war against

サッチャー　攻撃しなさい！　うん、できるだけ早くです！

小林　先制攻撃さえも必要ですか。

サッチャー　あなたが、彼らから侵略の脅威のようなものを感じるなら、攻撃すべきです。当然です。

小林　ありがとうございます。非常に明快な答えです。

サッチャー　ほかの選択肢はありません。

呉　それでは、フォークランド紛争についての質問を続けますが、私たちは……。

サッチャー　フォークランド紛争？

呉　はい、フォークランド紛争です。あなたは、今、「フォークランド紛争」という言葉を聞き、血が騒いでおられるのではありませんか。アルゼンチンに対して戦争を起こすことについて、閣僚が反対していたとき、あな

Argentina. How did you convince them?

Thatcher The main issue is whether it is our territory or not. If it is our territory, we must protect it for the country. But if not, we must argue. The argument will occur between the two countries.

But if we believe that it is our island, we must keep it, protect it and attack our enemies, the invaders, and destroy them!

Kobayashi I recall, at that time, that even the United States at first disagreed with your attack.

Thatcher Ah.

Kobayashi In some meaning, Japan is in the same situation now.

Thatcher Hmm?

たがどのように彼らを説得したかを知りたいと思います。どのように説得されたのですか。

サッチャー　主な争点は、「私たちの領土であるかどうか」です。もし、それが自国の領土であるならば、国のために守るべきです。しかし、そうでないならば、議論すべきです。二国間で議論が起こるでしょう。
　しかし、もし、「それは自分たちの島だ」と信じるなら、保有し続けるべきです。守るべきです。そして、敵を、侵略者を攻撃し、殲滅するべきです！

小林　私の記憶では、その当時、合衆国でさえ、最初は、あなたがたの攻撃に反対しました。

サッチャー　ああ。

小林　ある意味で、今の日本は同じ状況にあります。

サッチャー　え？

Kobayashi Your recommendation is to attack. We are afraid that even the United States would be against it or be hesitant.

Thatcher There is an alliance between Japan and the United States. You have a colleague and a military alliance. I know about that. But why doesn't the United States cooperate with you?

Kobayashi It is because the president of the United States has already changed from Ronald Reagan to the president now.

Thatcher Please call him back again.

Kobayashi Thank you.

Thatcher Who is in charge?

小林　あなたの忠告は、「攻撃すること」です。私たちは、「合衆国でさえ反対もしくは躊躇をするのではないか」と恐れています。

サッチャー　日本とアメリカは同盟を結んでいます。あなたがたには仲間がおり、軍事同盟があります。それについては知っています。しかし、なぜ、合衆国はあなたがたに協力しないのですか。

小林　なぜなら、合衆国の大統領は、すでに、ロナルド・レーガンから今の大統領に代わってしまっているからです。

サッチャー　彼をもう一度呼び戻してください。

小林　ありがとうございます。

サッチャー　誰が責任者ですか。

Kobayashi Barack Obama. Do you know Barack Obama?

Thatcher Ah, Barack Obama. Kill him!

Kobayashi Kill him?

Ichikawa Do you like him or do you dislike him?

Thatcher Ahh. Excellent statesmen must have courage. They must be courageous. If he is cowardly, he should be banished from the United States to the end of the world, to the North Pole or South Pole, I don't know exactly. We don't need him. Fire him.

Kobayashi Fire him?

Ichikawa Yes, actually you showed your courage to the world. How did you maintain your courageous mind while serving as prime minister?

小林　バラク・オバマです。バラク・オバマをご存じですか。

サッチャー　ああ、バラク・オバマね。彼を殺しなさい！

小林　彼を殺す？

市川　彼が好きですか。お嫌いですか。

サッチャー　ああ、優秀な政治家は、勇気を持つべきです。勇敢であるべきです。もし、彼が臆病であるならば、北極か南極かは分かりませんが、彼を合衆国から地の果てまで消し去るべきです。彼は必要ありません。クビにしなさい。

小林　クビにする？

市川　はい。実際に、あなたは世界に対して「勇気」を見せてくださいました。首相を務めている間、どのようにして「勇気ある心」を維持されたのでしょうか。

Thatcher How?

Ichikawa How did you keep your courageous mind?

Thatcher I'm courageous by nature.

Ichikawa By nature.

6 Have the Japanese forgotten the spirit of *Bushido*?

Go Hmm… Can I go back to the question about the alliance with the United States? We want to know about how to construct a good relationship with the United States of America because Japan is in a similar situation as the UK since we have an alliance with the US. Could you give us some tips or advice on how to build a good relationship with our ally?

サッチャー 「どのように」ですか。

市川 はい。どのようにして「勇気ある心」を保たれたのでしょうか。

サッチャー 私には、生まれつき、勇気があるんですよ。

市川 「生まれつき」ですか。

6 日本人は「武士道」を忘れてしまったのか

呉 ええと、合衆国との同盟についての質問に戻ってもよろしいでしょうか。私たちは、「いかにしてアメリカ合衆国と良好な関係を築けばいいのか」を知りたいのです。というのも、日本は、イギリスと同じく、合衆国と同盟を結んでいる状況にあるからです。同盟国と良好な関係を築くためのヒントやアドバイスを頂けますでしょうか。

Thatcher   I heard that Japanese people were abducted by North Korea.

Go   Yes, yes. That's right.

Thatcher   More than 100 people? Is that right?

Go   Yes.

Thatcher   Then, why don't you attack them? I can't understand.

Please rescue your Japanese friends. It is your duty. I think that keeping your duty and cherishing your duty is the main road to maintaining Japanese *Bushido*.

And why are you so afraid of China? It's very difficult to say this, but they are not so westernized and they don't have enough human rights, or have a modern

サッチャー　聞くところによると、日本の人々は、北朝鮮によって拉致されたんですよね。

呉　はい、そうです。そのとおりです。

サッチャー　100人以上でしたでしょうか。そうですよね？

呉　そうです。

サッチャー　それなら、なぜ、あなたがたは、彼らを攻撃しないのですか。私には理解できません。
　あなたがた日本人の仲間を救い出してはいかがですか。それは、あなたがたの義務でしょう。義務を守り、義務を大事にすることが、日本の「武士道」を保つ本道だと思いますよ。
　それに、あなたがたは、なぜ、そんなに中国を恐れるのですか。非常に言いにくいことではあるけれども、彼らは、さほど西洋化していませんし、十分な人権も近代的な政

political system. They are still underdeveloped.

Japan is a teacher, so you should teach them how to act in the global situations.

I can't understand your stance and I cannot understand your prime minister's attitude.

Kobayashi The incumbent prime minister, Shinzo Abe, is hawkish, but he is not so decisive compared to you. So, I…

Thatcher Don't compare.

Kobayashi Don't compare. Oh, excuse me.

7 Japan should have armed itself with nuclear weapons?

Kobayashi On the other hand, the People's Republic of China is just like an empire and is very much like the Nazis of Germany before the Second World War.

治制度も持っていません。彼らは、まだ発展途上なのです。

　日本は「教師」なのですから、「世界情勢のなかで、どのように振る舞うべきか」を、彼らに教えるべきでしょう。

　私には、あなたがたのスタンスが理解できませんし、日本の首相の態度も理解できません。

小林　現首相である安倍晋三氏は、「タカ派」ではありますが、彼には、あなたほどの決断力がないのです。ですから、私は……。

サッチャー　比べるものではありません。

小林　「比べるな」と。ああ、失礼いたしました。

7　日本は「核武装」しておくべきだった？

小林　ただ、その一方で、中華人民共和国は、まるで帝国のようであり、第二次世界大戦前のドイツに存在したナチスに非常に似ていると思います。

Thatcher Nazis?

Kobayashi Yes. So, many nations are afraid of them. Could you give us some comments on this problem?

Thatcher But there is a lot of trade between China and the EU. If China were like the Nazis, how could the EU stay in good terms with them? I cannot understand.

Kobayashi I'm afraid that the EU is selling their soul to China.

Thatcher The EU is…?

Kobayashi Selling.

Thatcher Setting? Sailing?

サッチャー　ナチス？

小林　はい。ですから、多くの国が中国を恐れています。この問題について、何かコメントを頂けますか。

サッチャー　そうは言っても、ＥＵ（欧州連合）と中国との間には、たくさんの貿易がありますよ。中国が「ナチス」だとしたら、どうしてＥＵは中国と良好な関係を保てるのですか。理解できませんね。

小林　ＥＵは、中国に魂を売っているのではないでしょうか。

サッチャー　「ＥＵが」、何ですか。

小林　「売っている」と。

サッチャー　「Setting（設定している）」ですか。それとも、「Sailing（渡航している）」ですか。

Kobayashi　Or, they gave up.

Thatcher　Gave up?

Kobayashi　Or, they have given up.

Thatcher　Given up?

Kobayashi　Yes. Their soul or justice.

Thatcher　Soul? Justice?

Kobayashi　Yes, I'm afraid so.

Go　We are concerned that China is taking a lot of assertive actions in the South China Sea, or in Southeast Asia. As you know, China has a lot of territorial disputes with its surrounding nations. So we are concerned with China's intention to build up its military forces.

小林　もしくは、「あきらめた」。

サッチャー　「あきらめた」？

小林　あるいは、「差し出した」。

サッチャー　「差し出した」？

小林　はい。「魂とか、正義とか」を。

サッチャー　魂や正義？

小林　ええ、恐縮ながら、そう思うのですが。

呉　私たちは、中国が、南シナ海や東南アジアで、かなり独断的な行動を取っていることに憂慮の念を抱いています。ご存じのように、中国は、周辺諸国との間に数多くの領土問題を抱えています。それゆえに、中国の軍事力増強の意図を懸念しているのです。

Thatcher Ah-ha, headache. How should I say this…? Please love China, or please punish China. Please choose one or the other.

Kobayashi I'd like to. But, even the United States is hesitating to punish China. There are no politicians in this world who can act like Reagan or Margaret Thatcher.

Thatcher Then, the age of China will come. You have surrendered already.

Kobayashi That is why we have to fight against them.

Thatcher No, you have surrendered already.

Kobayashi But just as the EU or European people do not want to surrender to communist China, we also

サッチャー　ああ、頭が痛い問題ですね。何と言えばいいのか……。どうか、中国を愛してください。もしくは、中国を罰してください。どちらか一つの道を選んでください。

小林　そうしたいとは思います。しかし、合衆国でさえ、中国を罰することに躊躇しています。今、この世には、レーガンやマーガレット・サッチャーのように行動する政治家がいないのです。

サッチャー　それでは、中国の時代が来ることになりますね。あなたがたは、すでに降伏したんですよ。

小林　だからこそ、私たちは戦わなければなりません。

サッチャー　いや、あなたがたは、すでに降伏してしまったのです。

小林　しかし、EU、あるいはヨーロッパの人々が、共産主義の中国に降伏したくはないように、私たちも降伏

do not want to surrender to them.

Thatcher I can't understand. Why don't you use nuclear weapons? Please threaten them with that.

Japan is a very developed country and has advanced technology. You can, of course, make such a kind of weapons of mass destruction. Please, threaten them.

Kobayashi Your proposal is to build nuclear weapons?

Thatcher Oh? You don't have any?

Kobayashi Officially, we don't have nuclear weapons.

Thatcher Then, please buy them from the United States.

Kobayashi From the United States?

したくはありません。

サッチャー　私には理解できません。どうして、あなたがたは核兵器を使わないのですか。それで、彼らを威嚇すればよいでしょう。
　日本は、非常に発展した国であり、高度な科学技術を持っているのですから、当然、その種の大量破壊兵器をつくれるはずです。彼らを脅かせばいいんですよ。

小林　「核兵器をつくれ」というご提案ですか。

サッチャー　ああ、あなたがたは持っていませんでしたか。

小林　公式には、核兵器を持っておりません。

サッチャー　それでは、合衆国から買ってください。

小林　合衆国からですか。

Thatcher Yes.

Kobayashi That's a very good option.

Thatcher Or from the UK. That's good, very good. We need money.

Kobayashi By the way, we will be sending this message to Prime Minister Shinzo Abe.

Thatcher Curious. Very curious.

Kobayashi Very curious?

Thatcher Your mentality is very curious. I can't understand.

Are you a man? Really? Are you really a man? Where is the Japanese *Bushido*? *Harakiri*?

Bushido! *Kirikomi*! *Ninja*!

サッチャー　ええ。

小林　それは、とてもいい選択肢ですね。

サッチャー　あるいは、イギリスからでもいいんですよ。それがいいかもしれません。とてもいいです。私たちにはお金が必要ですからね。

小林　ちなみに、このメッセージは、安倍晋三首相にも送る予定です。

サッチャー　奇妙ですね。非常に奇妙です。

小林　「非常に奇妙」というのは？

サッチャー　あなたがたの考え方は、非常に奇妙です。私には理解できません。
　あなたは、男ですか。本当に？　本当に男ですか。日本の武士道はどこに行ったのですか。それから、腹切りは？　武士道です！　斬り込みです！　忍者です！

Kobayashi Oh, excuse me. I said this in place of the Japanese government. So, you said Japan should own nuclear weapons and threaten China.

Thatcher You should already have them.

Kobayashi We should already have them?

Thatcher Yes. If you don't have them now, it's too late. You will become a slave of China in the near future. But if you don't want to choose such kind of fate, you must make a decision. Will you become a slave, die or live for future prosperity?

8 Politics is to never be afraid

Thatcher The UK is a small country but a strong country, traditionally and historically. Japan also is a very small country, but it has a long, long history and

小林　ああ、すみませんでした。私は、日本政府の代わりに申し上げたのです。つまり、あなたは、「日本は、核兵器を保有して、中国を威嚇するべきだ」とおっしゃったのですね。

サッチャー　すでに持っているべきですよ。

小林　「すでに持っているべきだ」と？

サッチャー　そうです。持っていないのなら、遅すぎます。このままでは、近いうちに中国の奴隷になりますよ。しかし、そんな運命を選びたくないなら、あなたがたは決断しなければなりません。奴隷になるのか、殺されるのか、あるいは、未来の繁栄のために生きるのか。

8　政治とは「決して恐れないこと」

サッチャー　イギリスは小さな国ですが、伝統的にも歴史的にも強い国です。同じく、日本も小さな国ですが、長い長い歴史を持ち、文化的な背景や伝統を有していま

has a cultural background and tradition. Japan is a great country. Be proud of that! The Japanese prime minister should insist that. Never permit invasion! Attack them to protect your wonderful, beautiful historical tradition and culture. Be proud of yourself!

Kobayashi Thank you.

Thatcher Never be afraid. That is politics.

Kobayashi That is politics?

Thatcher Yes, that is politics.

Kobayashi Thank you, thank you very much.

Thatcher No problem.

す。日本は偉大な国なのです。そのことに誇りを持ってください！　日本の首相は、もっと、それについて主張すべきです。決して、侵略を許してはなりません。あなたがたの素晴らしく、美しく、歴史的な伝統や文化を守るために、彼らを攻撃しなさい。自らに誇りを持つのです！

小林　ありがとうございます。

サッチャー　決して恐れてはなりません。それが、政治というものです。

小林　「それが政治だ」と？

サッチャー　ええ、それが政治なのです。

小林　ありがとうございます。感謝いたします。

サッチャー　どういたしまして。

9 Thatcher predicted the failure of the EU

Kobayashi The next question is about economic policy.

Thatcher Economic policy. OK, OK. I am good at economics. I know the price of eggs (laughs). I'm good at economics. OK.

Kobayashi You revived Great Britain's economy by way of privatization.

Thatcher Privatization? OK.

Kobayashi And now, Japan is pursuing a new economic policy, led by Prime Minister Shinzo Abe.

Thatcher Who is Shinzo Abe?

9 「EUの失敗」は予測していた

小林　続いて、経済政策について質問いたします。

サッチャー　経済政策ですか。分かりました。いいですよ。私は、経済に強いですからね。例えば、私は、卵の値段を知っています（笑）。私は、経済に明るいんですよ。どうぞ。

小林　あなたは、民営化によって、イギリスの経済を回復させました。

サッチャー　民営化ですね。分かりました。

小林　現在、日本では、安倍晋三首相によって、新しい経済政策が進められています。

サッチャー　安倍晋三とは、どなた？

Kobayashi Oh, you don't know Shinzo Abe? He is the current prime minister of Japan.

Thatcher Japanese prime minister? Shinzo Abe? Abe? Abe, Abe, Abe… I have heard a similar name before. Abe. Abe, Abe…

Go He's the son of a former foreign minister, Shintaro Abe.

Thatcher Yes. Foreign Minister Abe. I know him.

Go Shinzo is his son.

Thatcher Ah-ha, good.

Kobayashi You made policies based on *The Road to Serfdom*.

Thatcher Hmm? Sultan? Road to Sultan?

小林　安倍晋三氏をご存じないのですか。彼は、現在の日本の首相です。

サッチャー　日本の首相ですか。安倍晋三氏ですね？ 安倍？　安倍.安倍、安倍……。似たような名前を聞いたことがありますね。安倍。安倍、安倍……。

呉　彼は、以前、外務大臣をされた安倍晋太郎氏のご子息です。

サッチャー　ああ、安倍外務大臣なら知っていますよ。

呉　晋三氏は、彼のご子息なのです。

サッチャー　そうですか。それは、分かりました。

小林　あなたは、『隷従への道』に則った政策をなされました。

サッチャー　え、"サルタン"、"サルタン"への道？

Kobayashi *The Road to Serfdom*, written by Friedrich Hayek.

Thatcher Ah, Hayek.

Kobayashi You abandoned the policy, "From cradle to grave."

Thatcher Your English is a little difficult to understand.

Kobayashi And you cured the British disease.

Thatcher The British disease? OK, OK.

Kobayashi So, do you have some advice or comments on Japan today?

Thatcher Japin. Japyon! (laughs) Japinya! Fantastic!

小林　『隷従への道』です。フリードリヒ・ハイエクによって書かれたものです。

サッチャー　ああ、ハイエクね。

小林　あなたは、「ゆりかごから墓場まで」の政策を捨てました。

サッチャー　あなたの英語は、少し分かりづらいですね。

小林　そして、「英国病」を治しました。

サッチャー　「英国病」ですね？　はいはい。

小林　そこで、現在の日本に対し、何かアドバイスやコメントを頂けますか。

サッチャー　ジャピン？　ジャピョン？（笑）ジャピー

OK, OK. Good English. It's funny. And… What was your question?

Kobayashi You were able to revive the British economy, so my question is…

Thatcher I succeeded and failed. I couldn't understand the EU. I don't like such kind of economic communities. We need sovereignty regarding our currency issuing rights. I think it is very important for independent countries. More than ten or twenty countries joined the EU.

Kobayashi More than twenty countries.

Thatcher They are using the euro in that system, but I think it invades the independence policy of the UK. It's very important for a country's independence to have the right to issue its own currency.

If you use, for example, US dollars in Japan, you are

ニャ！　最高です！　いいですよ、分かります。いい英語ですよ。オモシロイです。それで……、質問は何でした？

小林　質問ですが、あなたは、イギリス経済の立て直しを実現しましたので……。

サッチャー　私は成功も失敗もしました。私は、EUについて理解できなかったのです。あのような経済共同体は好きではありません。通貨発行権についての主権は保持すべきでしょう。それが、独立した国にとって、非常に大事なことなのです。ＥＵには、10以上、あるいは20もの多くの国が加入しました。

小林　20カ国以上ですね。

サッチャー　その制度のなかで、彼らはユーロを使っているわけですけれども、それは、イギリスの独立政策を侵害すると思うのです。自国の通貨発行権を有していることは、独立にとって、非常に重要だからです。
　例えば、もし、あなたがたが日本で米ドルを使って

not independent. Japan would be one of the states of the United States of America. If you use Benjamin Franklins, or other dollar bills, it means you have surrendered to the fiscal policy of the American economy.

This is not so good. I opposed such kind of a policy but other people, such as my colleagues, friends and other politicians, disagreed with that. So, our opinions were quite different.

I couldn't understand the EU system and I've heard that the EU is falling apart now. I had, how should I say this, foresight. In other words, I made a prediction about the future of the EU.

So, be careful. Don't use Chinese yuan or American dollars or other currencies if you want to be independent.

Kobayashi　Are you saying that we should not rely too much on the US dollar?

いたら、あなたがたは、独立していないことになります。日本は、アメリカ合衆国の州の一つということですよ。つまり、ベンジャミン・フランクリン（100ドル紙幣）や、そのほかの米ドルを使っていたら、それは、アメリカ経済下の財政政策に降伏したことを意味するのです。

こうしたことは、よいことではありません。私は、そのような政策に反対したわけですが、私の同僚や友人、他の政治家たちは、私に反対しました。そのため、意見は大きく分かれたのです。

私にはEUの制度など理解できませんでしたが、今やEUは崩壊しつつあると聞いています。私には、何と申しますか、先見性があったのです。つまり、EUの未来を予測したわけです。

あなたがたも気をつけたほうがいいですよ。独立国であり続けたいのなら、中国元や米ドルをはじめ、他の通貨を使わないことです。

小林　あなたがおっしゃりたいのは、「あまり米ドルを当てにするな」ということですか。

Thatcher   Yes. "Japan is changing. The Japanese central bank is changing." My guardian angel told me this. Japan's central banking system and attitude are greatly changing. It's good. I think it's very good.

Go   Do you think that the European Union is like the collectivism of the Soviet Union?

Thatcher   Collectivism. Yes, it's some kind of collectivism. But, while collectivism needs some kind of central concept, there's no central concept in the EU.

The existence of leading countries is also very important in the EU. Germany must be a leading country, but German people don't have enough responsibility or courage and they are also criticized about their sin in the Second World War. This is the main reason for the failure of the EU. Deutschland is the problem. And I think another problem is France.

サッチャー　ええ。「日本は、変わってきている。日本の中央銀行（日銀）は変わってきている」と、守護天使が私に言っています。日本の中央銀行の制度や態度が非常に変わってきているのはよいことです。とてもよいことだと私は思います。

呉　あなたは、「EUはソ連の集産主義のようだ」と思われているのですか。

サッチャー　集産主義です。ええ、ある種の集産主義でしょう。ただ、集産主義には、何らかの中心概念が要りますが、EUには、中心概念が何もないのです。
　また、EUにおいては、主導国の存在も非常に重要です。本来、ドイツが主導国であるべきですが、ドイツの人々は責任感や勇気を十分に持っていませんし、彼らは第二次世界大戦の罪について非難もされています。そして、これがEUの失敗の主な原因です。ドイツが問題なのです。また、もう一つの問題は、フランスだと思います。

10 What is justice of the Second World War?

Kobayashi Regarding the sin of Germany in the Second World War, which you just mentioned, do you think that all of Europe should change, revise or rethink how that "sin" is viewed?

Thatcher It's a philosophical problem. It's very difficult. It's more than a philosophical issue. It belongs to the realm of God.

Kobayashi The realm of God?

Thatcher It's God's matter. God's matter.

Kobayashi So, only God can decide?

Thatcher So, it's very difficult.

10　第二次世界大戦における「正義」とは

小林　あなたがおっしゃった、ドイツが犯した第二次世界大戦の罪については、「ヨーロッパ全体の考え方が変わらなければならない」、または「見直さなければならない」とお考えでしょうか。あるいは、「考え直さなければならない」と？

サッチャー　それは哲学的な問題です。非常に難しい。それは、哲学以上の、神の領域の問題です。

小林　神の領域ですか。

サッチャー　神の問題です。神の問題になります。

小林　「神のみぞ決断を下せる」ということですか。

サッチャー　ですから、非常に難しいのです。

I, of course, look up to Churchill, but Churchill made friends with Stalin. Whether it was good or not, it's very difficult to judge from the eyes of the UK. I think that Stalinism must be "demon-ish" and Stalin must be the Antichrist. So, whether it is good or not, I don't know exactly. At the time, there were two Antichrists; one was Hitler and the other one was Stalin. So, it is very confusing.

Kobayashi The reason why I asked this question is because Japan is also encountering the same problem now.

Thatcher Really?

Kobayashi We are also criticized about our "sin in the Second World War."

Thatcher Oh, sin.

私は、もちろん、チャーチルを尊敬していますが、チャーチルは、スターリンと手を組みました。それがよかったのかどうかは、イギリスの視点から見ると、非常に難しいことです。「スターリン主義は悪魔的なものに違いなく、スターリンは反キリストである」と私は思うので、それがよかったのかどうかは、はっきりとは分からないのです。当時、反キリストは二人いました。一人はヒトラーで、もう一人はスターリンです。ですから、非常にややこしいのです。

小林　私がこの質問をする理由は、日本も、現在、同じ問題に直面しているからです。

サッチャー　本当に？

小林　私たちも「第二次世界大戦の罪」について批判されています。

サッチャー　ああ、罪ね。

Kobayashi This sin was set by, for example, the British and the Americans, and the Allied forces. Do you have any comments on that?

Thatcher Yes. In some meaning, Churchill was great, but in another meaning, he did bad things for the future of the world at that point. And whether President Roosevelt or Truman was an angel or Satan is a very difficult question; only God knows about that. I don't know exactly.

But there is some uncertainty regarding this issue. They wanted to use nuclear weapons to destroy Japanese people. You were used as subjects of an experiment of nuclear weapons. You have enough rights to protest against their experiment. They did it because of a difference in the color of skin, I mean, whether people were yellow or white. You have the right to criticize them.

Kobayashi So, from the British point of view, the

小林　その罪は、例えば、イギリス人やアメリカ人、そして、連合軍から課せられたものです。それについて、あなたから、何かコメントはありますか。

サッチャー　ええ。チャーチルは、ある意味で、偉大でしたが、他方では、その当時、世界の未来に対して悪いことをしました。そして、「ルーズベルト大統領、あるいはトルーマン大統領が、天使か、悪魔か」ということは、非常に難しい問題です。それは、神のみぞ知ることです。私は正確には知りません。

　しかし、それについては、何らかの疑問があります。彼らは、核兵器を使って日本人を消滅させたかったのです。日本人は、核兵器の実験台に使われたのです。あなたがたは、彼らの実験に対して抗議する権利を十分に持っています。彼らは、肌の色の違い、つまり、「黄色人種か、白色人種か」という違いゆえに、それを行ったのです。あなたがたには、彼らを非難する権利があります。

小林　イギリスの視点から見れば、「合衆国は、第二次世

United States must review or revise the evaluation of Japan in the Second World War?

Thatcher Japan was strong enough. It was too strong. We lost our battleships. Our Prince of Wales! We lost our Prince of Wales and other battleships. The Japanese army was very strong, too strong, at the time. It was the number one army of the world at the beginning of the Second World War.

America was behind Japan at the time, but two years after the war began, the United States gained enough production capability, so they could catch up to the Japanese Air Force. Their mass production system surpassed the Japanese system.

Japan was great and very strong. I respect the *samurai* very much. Japan fought against more than fifty countries at the end of the war. This is the real hero in world history. I think so. Not a single country will dare to take on such a great fight. You had more than fifty

界大戦における日本の評価を再検討、もしくは見直すべきである」ということですね。

サッチャー　日本は、十分に強かったのです。あまりにも強かったのです。私たちは、戦艦を失いました。私たちの「プリンス・オブ・ウェールズ」を、です！　私たちは、プリンス・オブ・ウェールズを失い、他の戦艦も失いました。日本軍は、当時、非常に強かった。あまりにも強かったのです。第二次世界大戦が勃発した初期のころは、世界でナンバーワンの軍隊だったのです。

　そのころ、アメリカは日本に後れをとっていました。しかし、開戦から二年がたつと、合衆国は、十分な生産能力を持つようになり、日本の空軍に追いつくことができました。そして、彼らの大量生産のシステムが、日本のシステムを追い抜いたのです。

　日本は偉大でしたし、非常に強かったのです。私は、サムライを非常に尊敬しています。戦争の終盤には、日本は、50カ国以上の国を相手に戦ったのです。これは、世界の歴史における、本当の英雄だと思います。そんなに大きな戦いに挑む国など、ほかには、ただ一つとして

enemy countries at the end of the war.

Hitler was weak and was already defeated by the Soviet Union. The fascist Mussolini was weaker than Hitler. Only Hirohito (Emperor Showa) was very strong and survived. He "knocked out" General MacArthur and survived. It's a miracle in world history. Why could he survive after the end of the World War? It's a mystery.

Kobayashi　I think that God had blessed Japan.

Thatcher　Oh, really?

Kobayashi　Yes. Thank you very much. Can I ask my next question?

Thatcher　OK. Do you have some English tea?

Kobayashi　English tea?

ありません。戦争終盤、あなたがたには、50カ国以上の敵がいたのです。

　ヒトラーは弱く、すでにソ連に敗れていました。そして、ファシストであるムッソリーニは、ヒトラーよりも弱かったのです。裕仁（昭和天皇）のみが、非常に強くて、生き残ったのです。彼は、マッカーサー元帥を"ノックアウト"し、生き残りました。それは、世界史における奇跡です。なぜ、彼は、大戦後も生き残れたのでしょうか。謎です。

小林　私は、「神が日本を祝福されたのだ」と思います。

サッチャー　本当ですか。

小林　はい。ありがとうございました。次の質問をしてもよいでしょうか。

サッチャー　どうぞ。紅茶はないのかしら？

小林　紅茶ですか。

Thatcher Isn't it time for afternoon tea?

Kobayashi English tea? Tea will be served before long.

11 The Meiji Restoration is a miracle in world history

Kobayashi My next question is about the fight against unions.

Thatcher Unions?

Kobayashi The labor unions.

Thatcher Labor unions? I hate them.

Kobayashi We know and we think very highly of that.

サッチャー　午後のお茶の時間ではないですか。

小林　紅茶ですか。まもなく出てきます。

11 「明治維新」は世界史における奇跡

小林　次の質問は、「組合との戦い」についてです。

サッチャー　組合？

小林　労働組合です。

サッチャー　労働組合ですか。労働組合は嫌いです。

小林　存じ上げております。また、そのことを高く評価させていただいております。

I asked this question because one of your biggest accomplishments was the tearing down of the Berlin Wall. And after the collapse of the Wall, communism or the behavior of labor unions deteriorated in Europe.

But, only in Japan, the communist forces survived even after 1990 and still have potential power today. So, we have to fight against them.

So, could you give us some advice or comments on how we can fight and exterminate their power?

Thatcher I know about Terminator. Do you want to become a terminator (laughs)?

Kobayashi Yes.

Thatcher Japanese Schwarzenegger (laughs). Funny, funny, funny, funny, funny. Oh, sorry.

なぜ、この質問をさせていただいたかといいますと、あなたの最も大きな功績の一つとして、「ベルリンの壁を壊した」ということがあるからです。そして、ベルリンの壁の崩壊後、ヨーロッパにおいて、共産主義、あるいは労働組合運動が衰えていったのだと思います。

　ところが、日本だけは、1990年以降も共産主義的な勢力が生き残り、いまだに潜在的な力を持っています。そのため、私たちは、彼らと戦わなければならないのです。

　そこで、「いかにして、彼らと戦い、彼らの力を根絶やしにできるか」ということについて、アドバイスやコメントを頂けないでしょうか。

サッチャー　私は、ターミネーターを知っていますが、あなたは、ターミネーターになりたいのですか（笑）。

小林　そうです。

サッチャー　日本のシュワルツェネッガー（笑）。面白いわ。面白い、面白い、面白い、面白い。ああ、ごめんなさいね。

Kobayashi Anyway, I think that you conquered the labor party or labor unions. So, could you give us some advice? We are still struggling against them.

Thatcher Whether Japan was influenced by the British disease or not, I don't exactly know the truth. I don't exactly know whether you are being influenced by the UK or the UK labor activities or not, but I think Japan seeks a system of equality. I guess it's a traditional system. On the other hand, the labor system of the UK was influenced by the Soviet Union.

But Japan's equality-based system is a little different. It came from the traditional Japanese way of thinking. Japan loves equality because Japanese people feel that equality is a highly respectable system and value. Because Japanese people are highly educated, they, or you, have respect for other Japanese people.

小林　いずれにしても、あなたは、労働党、あるいは労働組合を抑えたと思うのです。そこで、私たちに何かアドバイスを頂けないでしょうか。私たちは、いまだ彼らに苦労しているのです。

サッチャー　日本が英国病の影響を受けたのかどうか、本当のところ、定かには知りません。日本が、イギリス、あるいはイギリスの労働運動の影響を受けているのかどうか、はっきりとは知りませんが、日本は平等な制度を求めているのだと思います。それは伝統的なシステムでしょう。それに対して、英国の労働制度は、ソビエト連邦に影響されたものです。

　一方、日本の平等に根差したシステムは、少し違います。それは、伝統的な日本的考え方から発生しています。日本人が平等を愛するのは、彼らが「平等というのは、たいへん高く評価すべきシステムであり、価値である」と感じているからです。日本人は高度な教育を受けているため、彼ら、つまり、あなたがたは、他の日本人に対して敬意を抱くのです。

You are the descendants of the Sun God. That is the Japanese. The Sun God is *Amaterasu-O-Mikami*, and you are her descendants.

Kobayashi *Amaterasu.* Yes.

Thatcher So, in that meaning, you are seeking equality. So, I think it's a little different (from the UK). You are equal, but you are seeking high-level equality.

But in the United Kingdom, we traditionally have some sort of a hierarchy; I mean a caste-like system, old-fashioned system.

So, we have "outcasts" or people of the working class or bottom-level people or something like that. On the other hand, Japan already achieved success at the time of the Meiji Restoration. I've never experienced anything like the Meiji Restoration. I think it's a miracle in world history.

At the time of the Meiji Restoration, you did great

あなたがたは、太陽神の子孫です。それが日本人です。太陽神とは天照大神(あまてらすおおみかみ)のことであり、あなたがたはその子孫なのです。

小林　天照。そうですね。

サッチャー　あなたがたは、その意味で、平等を求めています。ですから、（イギリスとは）少し違うと思います。あなたがたは平等ですが、高いレベルの平等を求めているのです。
　それに対して、イギリスには、伝統的に、カースト制度のような時代遅(おく)れの、一種の階層システムがあるのです。

　つまり、イギリスには、「社会からはみ出た」というか、労働者階級の人々、あるいは底辺にあるような種類の人々がいるのです。一方、日本は、明治維新(いしん)において、すでに成功を収めました。私は、明治維新のようなものを経験したことがありません。「明治維新は世界史における奇跡(きせき)である」と思います。
　明治維新において、あなたがたは、無血革命によって

things through a bloodless revolution. You realized equality among the poor people, and you already started a modern democracy at the time. It's very beautiful. It's a very beautiful and honorable history. You must have pride in your history.

You may say that the political party that is opposing yours tends to be left-winged or is similar to China's or Russia's old political system, but I think it's a little different. It's a little different. It (the Japanese sense of equality) comes from your tradition.

12 Why is socialism evil?

Go OK. I want to ask about the trade union again.

Thatcher The trade union?

Go Yes, the trade union. Why did you fight against labor unions? What was the motivation behind it? Why

偉業を成し遂げました。そして、貧困層にある人々の平等を実現し、その当時、すでに近代的な民主主義を始めたのです。これは、たいへん素晴らしいことです。たいへん素晴らしく、かつ、誇るべき歴史です。あなたがたは、自国の歴史に誇りを持たなければなりません。

　あなたは、「自分たちの反対の立場にある政党は、左翼的である。つまり、中国やロシアの古い政治システムに近い」と言っているのかもしれませんが、それは少し違うと思います。少し違います。（日本の平等の考え方は）あなたがたの伝統に由来しているのです。

12　なぜ社会主義は「悪」なのか

呉　分かりました。労働組合について、再度、質問があります。

サッチャー　労働組合ですか。

呉　そうです。労働組合です。あなたは、なぜ、労働組合と戦ったのでしょうか。どういう動機からだったので

is socialism bad?

Thatcher Laziness. They love being lazy.

I was brought up in a not-so-high status family. There, diligence is the only way to succeed. This mentality will lead the United Kingdom to become a real utopia or future-oriented country.

Labor unions love to indulge in playing, and they don't make effort to get success, money or honor. We have the laws of sacrifice. It means that if you want to get something important, honorable and respectable, you must be diligent, you must work hard and you must have a good influence on the people that follow you.

So the labor system is ruining the foundations of the UK. It will lead to the death of the country in the end. This is a problem of policy, a problem of philosophy. That is the reason I was called the Iron Lady. The Iron Lady will never forgive such kind of indulgence or bad people.

しょうか。なぜ、社会主義は悪いのでしょうか。

サッチャー 「怠慢さ」です。彼らは怠けることが好きなのです。

　私は、あまり高くない家柄の家庭で育ちました。そこでは、「勤勉さ」が成功するための唯一の道です。この精神態度が、イギリスを、真のユートピアあるいは未来志向の国へと導くのです。

　労働組合の人々は、遊びほうけることに熱心なあまり、成功やお金や名誉を得るために努力しません。しかし、「代償の法則」というものがあります。それは、「何か、重要なものや名誉なもの、尊敬に値するものを得たいのならば、勤勉に一生懸命に働き、あとに続く人々によき影響を与えなければならない」ということです。

　ですから、労働制度は、イギリスの基礎を蝕んでいます。それは、最後には、「国の終わり」を意味します。これは政策の問題であり、思想の問題です。そのため、私は「鉄の女」と呼ばれたのです。鉄の女は、そのような甘やかしや悪しき人たちを、決して許さないのです。

Go Then, what kind of an economic policy should the governments take in order to make their countries prosper?

Thatcher A small government is preferable, I think. The government only needs to assist the privatization of industries. There are too many laws which prohibit the growth of private companies, so set them free and educate them to fight for themselves in order to obtain prosperity.

The only power that private companies request of us is to discard outdated laws and bring out the energy from the common people. So, I think it's a problem of philosophy, of course. But I was, how would you say, working for a private store.

Ichikawa & Kobayashi Grocery store?

Thatcher Grocery store? Those are not such good

呉　それでは、国を繁栄させるために、政府はどのような経済政策をとるべきでしょうか。

サッチャー　「小さな政府」が望ましいと思います。政府は、産業の民営化を支援するだけでよいのです。民間企業の発展を阻害するような法律があまりにも多いので、民間企業を自由にし、繁栄を勝ち取るべく自らの力で戦えるように育成することです。

　私たちが民間企業から求められた力は、「いかに時代遅れの法律を廃止して、一般の人々からエネルギーを引き出すか」ということだけです。ですから、それは、もちろん思想の問題であると思います。ただ、私は、何と言いますか、個人商店で働いていました。

市川・小林　食料雑貨店ですね。

サッチャー　食料雑貨店？　それはあまりいい言葉では

words. 'Grocery' does not sound so good.

Kobayashi Not so good? How about a daily goods store?

Thatcher The essential point is that the law created by the government should just be something that will guarantee the prosperity of the people who are working diligently. I think that's all.

Kobayashi Thank you so much.

13 The guiding spirit of former Prime Minister Thatcher is St. Michael

Kobayashi My last question is on the spiritual world.

Thatcher The spiritual world?

ありませんね。食料雑貨というのは、あまりいい響きではありません。

小林　あまりよくありませんか。日用品のお店では、どうでしょうか。

サッチャー　最も重要なポイントは何かというと、「政府のつくる法律が、勤勉に働く人々の繁栄を保証するものである」ということです。それがすべてだと思います。

小林　まことにありがとうございます。

13　サッチャー元首相の指導霊は「聖ミカエル」

小林　私の最後の質問は、霊的世界についてです。

サッチャー　霊的世界ですか。

Kobayashi Yes. You already mentioned about your guardian spirit.

Thatcher Yes.

Kobayashi About one hour ago.

Thatcher Mmm.

Kobayashi Do you know the name of your guardian spirit? Could you tell me the name of your guardian spirit?

Thatcher St. Michael.

Kobayashi Is that your god?

Thatcher St. Michael.

Kobayashi St. Michael?

小林　そうです。あなたは、先ほど、あなたの守護霊について言及されました。

サッチャー　そうですね。

小林　一時間ほど前に。

サッチャー　うーん。

小林　あなたは、ご自身の守護霊の名前をご存じですか。あなたの守護霊の名前を教えていただけないでしょうか。

サッチャー　聖ミカエルです。

小林　あなたの神ですね。

サッチャー　聖ミカエルです。

小林　聖ミカエルですか。

Thatcher Yes.

Kobayashi According to one interpretation, St. Michael is a guardian angel of Ronald Reagan.

Thatcher Yes, that is also so.

Kobayashi Also?

Thatcher My guardian angel.

Kobayashi Ah, do you mean your guiding spirit?

Thatcher My guiding spirit, yes.

Kobayashi Oh, your guiding spirit.

Thatcher Same thing.

サッチャー　そうです。

小林　一説によれば、聖ミカエルは、ロナルド・レーガンの守護天使とのことですが。

サッチャー　それも、そうです。

小林　それも？

サッチャー　私の守護天使です。

小林　ええと、それは「指導霊」ということですか。

サッチャー　そうです、指導霊です。

小林　ああ、指導霊ですか。

サッチャー　同じことです。

Kobayashi Michael said that? Did he say, "I am St. Michael?"

Thatcher He is St. Michael. The great archangel, St. Michael. He is "Mi-ka-e-ru" in Japanese. He was guiding me.

Kobayashi Did he guide you when you were in office?

Thatcher Yes.

Kobayashi Wow! Is that so?

Thatcher St. Michael was guiding me during the period in which I took office.

Kobayashi That is big news.

小林　ミカエルが言われたのですか。「聖ミカエルだ」と。

サッチャー　聖ミカエルです。偉大な大天使である聖ミカエルです。日本では、「ミ・カ・エ・ル」といわれています（注。英語読みでは「マイケル」）。彼が私を導いてくれていました。

小林　ミカエルは、あなたの在職中に導いておられたのですか。

サッチャー　そうです。

小林　ああ、そうなんですね。

サッチャー　私の在職中に、聖ミカエルが導いてくれていました。

小林　それはビッグ・ニュースです。

Thatcher He was guiding me. Yes, both Ronald Reagan and Margaret Thatcher were being guided by St. Michael.

What this means is that China and the Soviet Union are Antichrists.

Kobayashi I see, I see.

Thatcher OK?

Kobayashi OK.

14 Thatcher's immediate past life was the German Iron Chancellor Bismarck

Kobayashi In fact, a few years ago, we tried to call your guardian spirit here (April 16th, 2010, refer to *A Prophesy of Japan's Ruin Caused by the Democratic Party of Japan*).

Thatcher Yes. You're right.

サッチャー　彼が私を導いてくれていました。そう、ロナルド・レーガンとマーガレット・サッチャーは、二人とも聖ミカエルに導かれていたのです。

　これが意味しているのは、「中国とソ連が、反キリストだ」ということです。

小林　なるほど、分かりました。

サッチャー　分かりましたか。

小林　はい。

14　直前世は
　　「ドイツの鉄血宰相ビスマルク」

小林　実は、数年前に、私たちは、あなたの守護霊をここにお呼びしようとしたことがあります（2010年4月16日。前掲『民主党亡国論』第3章参照）。

サッチャー　ええ、そうでしたね。

Kobayashi Yeah, we called you here, and at that time you hinted to us that you were once born in Germany.

Thatcher Germany?

Kobayashi Germany. You said so. Could you tell me your name when you were born in Germany?

Thatcher Bismarck (1815 – 1898).

Kobayashi Oh, right! The Iron Lady and the Iron Chancellor, Bismarck.

Thatcher Yes.

Kobayashi Wow!

小林　はい、ここにお呼びしました。そのとき、あなたの守護霊は、「かつてドイツに生まれたことがある」ということをほのめかされました。

サッチャー　ドイツですか。

小林　ドイツです。そうおっしゃいました。あなたがドイツにお生まれになったときのお名前を教えていただけないでしょうか。

サッチャー　ビスマルク（1815 - 1898）です。

小林　ああ、そうですか！　鉄の女と、鉄血宰相ビスマルクですね。

サッチャー　そうです。

小林　なんと！

Thatcher It's natural, quite natural.

Kobayashi Indeed.

Thatcher It's quite natural.

Kobayashi It's quite natural.

Go I have a question. Chancellor Bismarck started social security. It was the first attempt at social welfare.

Thatcher You know a lot.

Go You fought against socialism when you were born as Margaret Thatcher. Why is there such a difference in terms of domestic policy?

Thatcher At that time, our enemy was France. Former Napoleon, or Napoleon Bonaparte, and Napoleon III were our enemies. We had to protect our country

サッチャー　自然なことです。まったく自然です。

小林　ごもっともです。

サッチャー　まったく自然です。

小林　まったく自然なことです。

呉　質問があります。宰相ビスマルクは、社会保障を始めましたが、それは社会福祉の最初の試みでした。

サッチャー　あなたは、よく知っていますね。

呉　あなたは、マーガレット・サッチャーとして生まれたときには社会主義と戦われましたが、なぜ、国内政策において、そのような違いがあるのでしょうか。

サッチャー　当時、私たちの敵はフランスでした。先のナポレオンであるナポレオン・ボナパルトとナポレオン３世が、私たちの敵だったのです。私たちは、フランス

from the invasion of France, so we adopted that system at that time. But it's not socialism. It's, how should I say, a modern military system and a modern bureaucracy system.

It was the reality of Deutschland at that time. It was how to protect against the attacking force of France. In France, at that time, people had the power of liberty and they loved heroism. So, we were protecting our country, Germany, from them through our team power.

We didn't have enough of a genius like Napoleon at that time. So, we created a modern military system and a modern bureaucracy system. We used the common or more-than-common people, I mean excellent people who could be found in every period, and made such systems. That is the reason we became strong.

Kobayashi Thank you very much.

の侵略から祖国を守らなければならなかったので、当時、その制度を採用したのです。しかし、それは、社会主義ではなく、どう言えばよいでしょうか……、近代的な軍隊組織であり、近代的な官僚組織です。

　それは、当時のドイツがおかれた現実そのものであり、フランスの攻撃軍から国を守るための方法だったのです。当時、フランスでは、人々は自由の力を持ち、英雄的資質を愛していました。そこで、私たちは、祖国ドイツのチーム力によって、彼らから国を守っていたのです。

　当時、私たちの国には、ナポレオンに匹敵するような天才がいませんでした。そこで、私たちは近代的な軍隊組織と近代的な官僚制度をつくりました。普通の人たちや、普通以上の人たちを使って、すなわち、どの時代にもいるような比較的優秀な人たちを使って、そのような制度をつくったのです。それが、私たちが強くなった理由です。

小林　まことにありがとうございます。

15 Was Thatcher born in Ancient Israel as King David?

Kobayashi Can I also have your name from another past life?

Thatcher Maybe the old, old days, or medieval, I mean...

Kobayashi Both of them, if possible.

Thatcher Europe has a lot of history, so...

Kobayashi Yes.

Thatcher It may be a little difficult for you to understand, but in the old, old days, I was born in Israel.

Kobayashi In Israel?

15　古代イスラエルに 「ダビデ王」として生まれた？

小林　さらに、あなたの別の過去世(かこぜ)の名前を教えていただけないでしょうか。

サッチャー　おそらく、遠い遠い昔、もしくは中世の、つまり……。

小林　できましたら、両方お願いします。

サッチャー　ヨーロッパには、数多くの歴史がありますので……。

小林　そうですね。

サッチャー　あなたがたには少し理解しづらいでしょうが、遠い遠い昔、私はイスラエルに生まれました。

小林　イスラエルですか。

Thatcher Yes, in Israel, as one of the political and religious leaders.

Kobayashi A prophet?

Thatcher Yes, some kind of a prophet. A prophet or a Messiah-like being.

Kobayashi Messiah-like?

Thatcher A Messiah-like being, or a Messiah.

Kobayashi David (an ancient Israeli king, ca. 1000 – 961 B.C.E.)? A David-like person?

Thatcher David.

Kobayashi David?

サッチャー　ええ、イスラエルです。政治的、宗教的リーダーの一人として。

小林　預言者でしょうか。

サッチャー　そうです。そのようなものです。預言者であり、救世主のようなものです。

小林　「救世主のようなもの」ですか。

サッチャー　救世主のような存在、あるいは救世主そのものです。

小林　ダビデ（古代イスラエルの王。前1000 − 前961頃）でしょうか。ダビデのような方ですか。

サッチャー　ダビデです。

小林　ダビデなんですね。

Thatcher Yes, a David-like being.

Kobayashi Oh, a David-like being. Which is it? David himself?

Thatcher David was a small one. Also, David is a man and I am a lady (laughs).

Kobayashi (laughs)

Thatcher He's a stone man (David defeated the enemy's strongest warrior, Goliath, by catapulting stones), and I am the Iron Lady, so it's quite different.

Kobayashi (laughs) Thank you.

サッチャー　そうです。ダビデのような存在です。

小林　ああ、ダビデのような存在ですか。どちらでしょう？ダビデその人でしょうか。

サッチャー　ダビデは、小さな存在です。しかも、ダビデは男性であって、私は女性です（笑）。

小林　（笑）

サッチャー　ダビデは石の男ですが（注。投石によって敵の最強の戦士ゴリアテを倒した故事を指す）、私は鉄の女です。だから、まったく違います。

小林　（笑）ありがとうございます。

16 I have a memory of Hermes, the hero in Greek Mythology

Ichikawa Do you have any relationship with Lord El Cantare (Supreme God of the Earth)?

Thatcher Religion…?

Ichikawa A relationship with Lord El Cantare.

Thatcher I am not married to him (laughs).

Ichikawa (laughs) Do you know the name, "Happiness Realization Party?" We, Happy Science, established a political party.

Thatcher Of course, I don't know.

Ichikawa OK, thank you.

16 ギリシャ神話の英雄
「ヘルメス」についての記憶がある

市川　あなたは、主エル・カンターレ（地球の至高神）と何らかのかかわりをお持ちでしょうか。

サッチャー　宗教……？

市川　主エル・カンターレとの関係です。

サッチャー　私は、彼と結婚していません（笑）。

市川　（笑）幸福実現党の名前はご存じでしょうか。私たち幸福の科学は、政党を立ち上げたのですが。

サッチャー　もちろん、知りません。

市川　分かりました。ありがとうございます。

Thatcher Of course, I didn't know. But now I understand about that.

Ichikawa Thank you.

Kobayashi Do you know the existence of the God, Hermes?

Thatcher Hermes?

Kobayashi Hermes, Mercury.

Thatcher Hermes, Hermes, Hermes, Hermes, Hermes, Hermes. Hermes the good, Hermes is that which is good. An ideal person and a hero.

Kobayashi An ideal person and a hero?

Thatcher Hermes is that which is good.

サッチャー　もちろん、私は知りませんでしたが、今、分かりました。

市川　ありがとうございます。

小林　あなたは、ヘルメス神（エル・カンターレの魂の分身の一人）の存在をご存じでしょうか。

サッチャー　ヘルメスですか。

小林　ヘルメス、マーキュリーです。

サッチャー　ヘルメス、ヘルメス、ヘルメス、ヘルメス、ヘルメス、ヘルメス。善なるヘルメス。ヘルメスは善なるもの。理想的な方、英雄です。

小林　理想的な方であり、英雄なのですか。

サッチャー　ヘルメスは善なるものです。

Ichikawa　Did you meet Hermes in the old ages?

Thatcher　I did not marry him.

Kobayashi　Have you met Hermes?

Thatcher　Hermes? Did I meet Hermes? I met Hermes? I met Hermes? Met Hermes? Hermes, Hermes, Hermes, Hermes, Hermes… I have a memory of Hermes, but maybe I was a beautiful princess at the time.

Kobayashi　Thank you very much. We greatly appreciate your kindness, cooperation, and your many, very precious advice.

17 Deep connections with Jesus Christ

Thatcher　Jesus Christ is already here.

市川　あなたには、古い時代に、ヘルメスに会われたことがありますか。

サッチャー　（ヘルメスと）結婚はしていません。

小林　ヘルメスに会われたことはありますか。

サッチャー　ヘルメスですか。ヘルメスに会ったかどうか。私はヘルメスに会ったか。私はヘルメスに会ったか。ヘルメスに会ったか。ヘルメス、ヘルメス、ヘルメス、ヘルメス、ヘルメス……。ヘルメスについての記憶はありますが、おそらく、そのとき、私は美しい王女でした。

小林　まことにありがとうございます。大いなるご親切、ご協力、さらに、とても貴重な数多くのアドバイスを賜り、深く感謝申し上げます。

17　イエス・キリストとの深い縁

サッチャー　イエス・キリストが、すでにここに来られ

Kobayashi He is already here? Is he over there?

Thatcher He's behind you.

Kobayashi Behind us?

Thatcher You are not Jesus Christ, right?

Kobayashi Of course, I am not Jesus Christ.

Thatcher Yes, he is just behind you, standing and laughing at you (laughs). It's a good thing.

Kobayashi Do you have some kind of a connection with Jesus Christ?

ています。

小林　ここに来られているのですか。そこにおられるのでしょうか。

サッチャー　彼は、あなたがたの後ろにいらっしゃいます。

小林　私たちの後ろに？

サッチャー　あなたは、イエス・キリストではありませんよね。

小林　もちろん、私はイエス・キリストではありません。

サッチャー　そう、彼は、あなたがたのすぐ後ろに立たれ、笑っておられます（笑）。素晴らしいことですね。

小林　あなたは、イエス・キリストと何らかの関係を持っておられるのでしょうか。

Thatcher With Jesus Christ? Jesus Christ, Jesus Christ, Jesus Christ… (sings) Ahh, I was a Roman at that time. Yes, I was a Roman.

Kobayashi A Roman? You were a Roman at that time?

Thatcher Yes, but I was very kind to Jesus Christ. I, at that time, was fortunately a lady.

Kobayashi A Roman lady?

Thatcher I asked them to save Jesus' life. I already belonged to the original group of Jesus Christ. I was a Roman, but I was the first believer among the Romans.

Kobayashi You were an original member?

サッチャー　イエス・キリストとですか。イエス・キリスト、イエス・キリスト、「ジーザス・クライスト♪」……。ああ、私は、当時、ローマ人でした。そう、ローマ人でした。

小林　ローマ人ですか。当時はローマ人だったんですね。

サッチャー　そうです。でも、私は、イエス・キリストに対して、とても親切にしていたのです。当時、私は、幸いにも女性でした。

小林　ローマ人の女性ですか。

サッチャー　私は、イエスの命を助けてくれるようにお願いしました。すでにイエス・キリストの最初のグループに属していたのです。私はローマ人でしたが、ローマ人の最初の信者だったのです。

小林　最初のメンバーだったんですね。

Thatcher Yes. I asked them to stop his crucifixion. "Please stop and save him," I asked again and again, but the men wouldn't listen.

Kobayashi Thank you very much. Any questions (to the other interviewers)? OK, then. Thank you very much, Mrs. Margaret Thatcher.

Thatcher Fight! Just fight!

Kobayashi We'll fight.

Thatcher Japan must fight!

Kobayashi Japan must fight. Thank you very much.

Okawa Thank you very much (to Thatcher).

サッチャー　そうです。私はイエスを十字架にかけるのをやめるようにお願いしました。十字架にかけるのをやめて彼を助けるよう、何度も何度もお願いしましたが、男たちは私の言うことをききませんでした。

小林　まことにありがとうございました。(他の質問者に)何か質問はありますか。よろしいですね。それでは、マーガレット・サッチャー女史、まことにありがとうございました。

サッチャー　戦いなさい！　とにかく、戦いなさい！

小林　私たちは戦います。

サッチャー　日本は戦うべきです！

小林　日本は戦うべきですね。まことにありがとうございました。

大川隆法　(サッチャーに)はい。ありがとうございました。

18 I want to pray for the prosperity of the United Kingdom

Okawa My hand is still shaking a little, but her thinking became clearer as we spoke to her. I think you did a good job.

We may have bothered her by calling her out, since her body may still be lying on a bed. The cremation is scheduled for next week, so it's possible that her body is not yet in a casket. People from around the world are talking about her death, so she may be bothered by all the commotion. I am very grateful that Thatcher came to talk to us even in this kind of situation.

I would like to pray for the prosperity of the UK. Thank you very much.

18 「イギリスの繁栄」を祈りたい

大川隆法　手が少し震えます。だいぶ、まともにはなってきたので、頑張りましたね。

　まだ寝かされている状態なのでしょうから、ちょっと迷惑だったとは思います。「来週、火葬にする」とのことですので、まだ棺にも入っていない可能性があります。まあ、世界中が騒いでいるので、いろいろとうるさく感じていることでしょう。そういう状態で登場していただいたのは、まことにありがたいことでした。

　「イギリスの繁栄」を祈っておきたいと思います。それでは、ありがとうございました。

『サッチャーのスピリチュアル・メッセージ』
大川隆法著作関連書籍

『民主党亡国論』(幸福の科学出版刊)

サッチャーのスピリチュアル・メッセージ
——死後19時間での奇跡のインタビュー——

2013年4月18日　初版第1刷

著　者　大川　隆法

発行所　幸福の科学出版株式会社

〒107-0052　東京都港区赤坂2丁目10番14号
TEL(03)5573-7700
http://www.irhpress.co.jp/

印刷・製本　株式会社 東京研文社

落丁・乱丁本はおとりかえいたします
©Ryuho Okawa 2013. Printed in Japan. 検印省略
ISBN978-4-86395-325-3 C0030
Photo: GUICHARD JEAN/GAMMA/アフロ

大川隆法ベストセラーズ・希望の未来を切り拓く

Power to the Future
未来に力を

英語説法集 日本語訳付き

予断を許さない日本の国防危機。混迷を極める世界情勢の行方——。ワールド・ティーチャーが英語で語った、この国と世界の進むべき道とは。

1,400円

未来の法
新たなる地球世紀へ

暗い世相に負けるな！ 悲観的な自己像に縛られるな！ 心に眠る無限のパワーに目覚めよ！ 人類の未来を拓く鍵は、一人ひとりの心のなかにある。

2,000円

されど光はここにある
天災と人災を超えて

被災地・東北で説かれた説法を収録。東日本大震災が日本に遺した教訓とは。悲劇を乗り越え、希望の未来を創りだす方法が綴られる。

1,600円

幸福の科学出版

大川隆法ベストセラーズ・中国・北朝鮮の野望を見抜く

北朝鮮の未来透視に挑戦する
エドガー・ケイシー リーディング

「第2次朝鮮戦争」勃発か⁉ 核保有国となった北朝鮮と、その挑発に乗った韓国が激突。地獄に堕ちた"建国の父"金日成の霊言も同時収録。

1,400円

中国と習近平に未来はあるか
反日デモの謎を解く

「反日デモ」も、「反原発・沖縄基地問題」も中国が仕組んだ日本占領への布石だった。緊迫する日中関係の未来を習近平氏守護霊に問う。
【幸福実現党刊】

1,400円

周恩来の予言
新中華帝国の隠れたる神

北朝鮮のミサイル問題の背後には、中国の思惑があった！ 現代中国を霊界から指導する周恩来が語った、戦慄の世界覇権戦略とは⁉

1,400円

※表示価格は本体価格(税別)です。

大川隆法ベストセラーズ・世界の指導者の本心

バラク・オバマの スピリチュアル・メッセージ
再選大統領は世界に平和をもたらすか

弱者救済と軍事費削減、富裕層への増税……。再選翌日のオバマ大統領守護霊インタビューを緊急刊行！日本の国防危機が明らかになる。
【幸福実現党刊】

1,400円

ロシア・プーチン 新大統領と帝国の未来
守護霊インタヴュー

中国が覇権主義を拡大させるなか、ロシアはどんな国家戦略をとるのか!? また、親日家プーチン氏の意外な過去世も明らかに。
【幸福実現党刊】

1,300円

安倍新総理 スピリチュアル・インタビュー
復活総理の勇気と覚悟を問う

自民党政権に、日本を守り抜く覚悟はあるか!? 衆院選翌日、マスコミや国民がもっとも知りたい新総理の本心を問う、安倍氏守護霊インタビュー。
【幸福実現党刊】

1,400円

幸福の科学出版

大川隆法ベストセラーズ・時代を変革する精神

ヤン・フス ジャンヌ・ダルクの霊言
信仰と神の正義を語る

内なる信念を貫いた宗教改革者と神の声に導かれた奇跡の少女——。「神の正義」のために戦った、人類史に燦然と輝く聖人の真実に迫る!

1,500円

王陽明・自己革命への道
回天の偉業を目指して

明治維新の起爆剤となった「知行合一」の革命思想——。陽明学に隠された「神々の壮大な計画」を明かし、回天の偉業をなす精神革命を説く。

1,400円

日本陽明学の祖 中江藤樹の霊言

なぜ社会保障制度は行き詰まったのか!? なぜ学校教育は荒廃してしまったのか!? 日本が抱える問題を解決する鍵は、儒教精神のなかにある!

1,400円

※表示価格は本体価格(税別)です。

幸福の科学グループのご案内

宗教、教育、政治、出版などの活動を通じて、地球的ユートピアの実現を目指しています。

宗教法人　幸福の科学

1986年に立宗。1991年に宗教法人格を取得。信仰の対象は、地球系霊団の最高大霊、主エル・カンターレ。世界100カ国以上の国々に信者を持ち、全人類救済という尊い使命のもと、信者は、「愛」と「悟り」と「ユートピア建設」の教えの実践、伝道に励んでいます。

（2013年4月現在）

愛

幸福の科学の「愛」とは、与える愛です。これは、仏教の慈悲や布施の精神と同じことです。信者は、仏法真理をお伝えすることを通して、多くの方に幸福な人生を送っていただくための活動に励んでいます。

悟り

「悟り」とは、自らが仏の子であることを知るということです。教学や精神統一によって心を磨き、智慧を得て悩みを解決すると共に、天使・菩薩の境地を目指し、より多くの人を救える力を身につけていきます。

ユートピア建設

私たち人間は、地上に理想世界を建設するという尊い使命を持って生まれてきています。社会の悪を押しとどめ、善を推し進めるために、信者はさまざまな活動に積極的に参加しています。

海外支援・災害支援

国内外の世界で貧困や災害、心の病で苦しんでいる人々に対しては、現地メンバーや支援団体と連携して、物心両面にわたり、あらゆる手段で手を差し伸べています。

自殺を減らそうキャンペーン

年間約3万人の自殺者を減らすため、全国各地で街頭キャンペーンを展開しています。

公式サイト **www.withyou-hs.net**

ヘレンの会

ヘレン・ケラーを理想として活動する、ハンディキャップを持つ方とボランティアの会です。視聴覚障害者、肢体不自由な方々に仏法真理を学んでいただくための、さまざまなサポートをしています。

公式サイト **www.helen-hs.net**

INFORMATION

お近くの精舎・支部・拠点など、お問い合わせは、こちらまで！
幸福の科学サービスセンター
TEL. **03-5793-1727** （受付時間 火〜金:10〜20時／土・日:10〜18時）
宗教法人 幸福の科学公式サイト **happy-science.jp**

教育

学校法人 幸福の科学学園

学校法人 幸福の科学学園は、幸福の科学の教育理念のもとにつくられた教育機関です。人間にとって最も大切な宗教教育の導入を通じて精神性を高めながら、ユートピア建設に貢献する人材輩出を目指しています。

幸福の科学学園

中学校・高等学校（那須本校）
2010年4月開校・栃木県那須郡（男女共学・全寮制）
TEL **0287-75-7777**
公式サイト **happy-science.ac.jp**

関西中学校・高等学校（関西校）
2013年4月開校・滋賀県大津市（男女共学・寮及び通学）
TEL **077-573-7774**
公式サイト **kansai.happy-science.ac.jp**

幸福の科学大学（仮称・設置認可申請予定）
2015年開学予定
TEL **03-6277-7248**（幸福の科学 大学準備室）
公式サイト **university.happy-science.jp**

仏法真理塾「サクセスNo.1」
小・中・高校生が、信仰教育を基礎にしながら、「勉強も『心の修行』」と考えて学んでいます。
TEL **03-5750-0747**（東京本校）

不登校児支援スクール「ネバー・マインド」
心の面からのアプローチを重視して、不登校の子供たちを支援しています。
また、障害児支援の「**ユー・アー・エンゼル！**」運動も行っています。
TEL **03-5750-1741**

エンゼルプランV
幼少時からの心の教育を大切にして、信仰をベースにした幼児教育を行っています。
TEL **03-5750-0757**

NPO活動支援

学校からのいじめ追放を目指し、さまざまな社会提言をしています。また、各地でのシンポジウムや学校への啓発ポスター掲示等に取り組むNPO「いじめから子供を守ろう！ネットワーク」を支援しています。

ブログ **mamoro.blog86.fc2.com**
公式サイト **mamoro.org**
相談窓口 TEL.**03-5719-2170**

政治

幸福実現党

内憂外患(ないゆうがいかん)の国難に立ち向かうべく、2009年5月に幸福実現党を立党しました。創立者である大川隆法党総裁の精神的指導のもと、宗教だけでは解決できない問題に取り組み、幸福を具体化するための力になっています。

党員の機関紙
「幸福実現NEWS」

TEL 03-6441-0754
公式サイト hr-party.jp

出版メディア事業

幸福の科学出版

大川隆法総裁の仏法真理の書を中心に、ビジネス、自己啓発、小説など、さまざまなジャンルの書籍・雑誌を出版しています。他にも、映画事業、文学・学術発展のための振興事業、テレビ・ラジオ番組の提供など、幸福の科学文化を広げる事業を行っています。

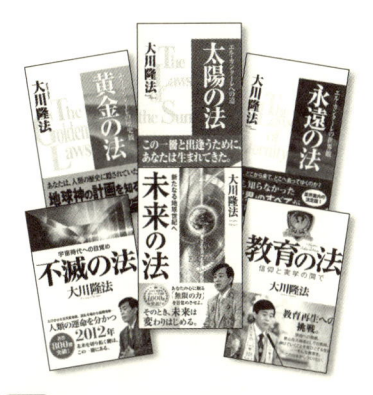

TEL 03-5573-7700
公式サイト irhpress.co.jp

入会のご案内

あなたも、幸福の科学に集い、ほんとうの幸福を見つけてみませんか？

幸福の科学では、大川隆法総裁が説く仏法真理をもとに、「どうすれば幸福になれるのか、また、他の人を幸福にできるのか」を学び、実践しています。

入会

大川隆法総裁の教えを信じ、学ぼうとする方なら、どなたでも入会できます。入会された方には、『入会版「正心法語」』が授与されます。（入会の奉納は1,000円目安です）

ネットでも入会できます。詳しくは、下記URLへ。
happy-science.jp/joinus

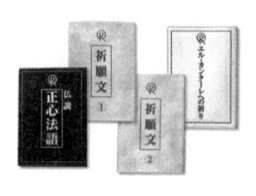

三帰誓願

仏弟子としてさらに信仰を深めたい方は、仏・法・僧の三宝への帰依を誓う「三帰誓願式」を受けることができます。三帰誓願者には、『仏説・正心法語』『祈願文①』『祈願文②』『エル・カンターレへの祈り』が授与されます。

植福の会

植福は、ユートピア建設のために、自分の富を差し出す尊い布施の行為です。布施の機会として、毎月1口1,000円からお申込みいただける、「植福の会」がございます。

「植福の会」に参加された方のうちご希望の方には、幸福の科学の小冊子（毎月1回）をお送りいたします。詳しくは、下記の電話番号までお問い合わせください。

月刊「幸福の科学」
ザ・伝道
ヤング・ブッダ
ヘルメス・エンゼルズ

INFORMATION

幸福の科学サービスセンター
TEL. 03-5793-1727（受付時間 火～金:10～20時／土・日:10～18時）
宗教法人 幸福の科学公式サイト **happy-science.jp**